Wolfgang Saßmannshausen

Waldorf-Pädagogik
im Kindergarten

HERDER

FREIBURG · BASEL · WIEN

Umschlaggestaltung: SchwarzwaldMädel, Simonswald
Umschlagfoto und Fotos im Innenteil: Harald Neumann, Freiburg
Satz und Gestaltung: Claudia Wild, Konstanz

Herstellung: Graspo CZ, Zlín
Printed in the Czech Republic

ISBN 978-3-451-32873-2

Inhalt

Waldorf-Pädagogik im Kindergarten

Pädagogische Ansätze auf einen Blick
Waldorf-Pädagogik im Kindergarten

Einleitung

Waldorfkindergärten gibt es in der ganzen Welt – heute, je nach Lesart, 2.000 bis 2.500. Überall sind sie Ausdruck freien Engagements von Menschen, die sie gründen und betreiben. Wenn auch die Anlässe für solche Initiativen oft eigene Bedürfnisse sind – in aller Regel als Eltern den „richtigen" Platz für die eigenen Kinder zu finden –, entstehen letztlich Kindergärten nur, wenn eine solide Trägerschaft gebildet ist als Garant dafür, das innere Anliegen der Waldorfpädagogik zu verwirklichen. Das bedeutet: Grundlagen für Beziehungs- und Begegnungsformen zwischen Kindern und Erwachsenen zu schaffen, um der körperlichen, seelischen und geistigen Seite des Menschen Rechnung zu tragen.

Das innere Anliegen der Waldorfpädagogik zu verdeutlichen, ist eine Aufgabe dieses Buches. Denn entgegen der häufig anzutreffenden Meinung, Waldorfpädagogik sei ein klassisches Element der Reformpädagogik, ist sie nur als eigenständig ganzheitlicher Ansatz zu verstehen und unterscheidet sich grundsätzlich von anderen pädagogischen Bewegungen.

Die andere Aufgabe besteht darin, aus dem Blickwinkel der Waldorfkindergartenpädagogik auf die aktuelle Bildungslandschaft zu schauen und der gegenwärtigen Diskussion einen Beitrag hinzuzufügen, dessen Kernaussage insgesamt in Vergessenheit zu geraten droht: nämlich Erziehung und Bildung ganz aus dem Wesen des Kindes heraus zu verstehen. Nicht gesellschaftlich definierte Zielsetzungen, sondern das Kind selbst in seiner Einmaligkeit und seiner allgemeinen, altersentsprechenden Entwicklungsdynamik ist die Leitlinie der Waldorfkindergartenpädagogik. Was diese Aussage für die verschiedenen Ebenen des pädagogischen Alltags bedeutet, wird praxisnah dargestellt. Insofern versteht sich das Buch auch als eine notwendige Ergänzung der aktuellen Neudefinition von Kindheit, Bildung und Erziehung.

Alle Menschen können sehr schnell in Waldorfkindergärten in anderen Erdteilen oder Kulturräumen das Verbindende dieser Pädagogik erleben, obwohl die konkreten Erscheinungsformen ihres Alltags verschieden sind. So gibt es Elemente der Tagesgestaltung oder der äußeren materiellen Gegebenheiten, die sich überall auf der Welt wiederfinden lassen. Beispiele hierfür sind die Bewegungspflege des Kindes durch Eurythmie oder die Gestaltung der Räume in einer Weise, dass ihr Ausdruck wohltuend für die unmittelbare Sinneswahrnehmung der Kinder ist.

Letztlich finden wir in jedem Waldorfkindergarten das, was ihn mit allen anderen verbunden sein lässt, und gleichzeitig dasjenige, was der speziellen Lebens- und Kultursituation und den beteiligten Menschen entspricht. Daher kann die vorliegende Darstellung der Arbeit im Waldorfkindergarten nicht als Rezept verstanden werden, sondern nur auf das geistig Verbindende hinweisen und einzelne Ideen beispielhaft verdeutlichen, ohne dass diese Beispiele programmatischen Charakter gewinnen. Es geht darum, exemplarisch die Beziehung zu dem wesentlichen Ideellen deutlich werden zu lassen. Die Beispiele könnten auch ganz andere sein. Sie sind nicht als versteckte oder offene Beiträge zu methodisch-didaktischen Detaildiskussionen zu verstehen.

Der Kern der Pädagogik im Waldorfkindergarten liegt in der Beziehung zwischen dem Erwachsenen und den Kindern, ist also Begegnung. Die Pädagoginnen und Pädagogen[1] sind die Garanten für die jeweilige Verwirklichung des ganzheitlichen Ansatzes. In ihrer Persönlichkeit und Entwicklungsbereitschaft liegt es begründet, welche Qualität die Pädagogik kennzeichnet. Die beiden Grundmotive der Waldorfpädagogik lauten:

> „Erziehung ist Selbsterziehung"
>   und
> „Vorbild und Nachahmung"

Mit dem vorliegenden Buch möchte ich die vielfältigen Bemühungen der zahlreichen Kolleginnen und Kollegen würdigen, die in ihren konkreten Bedingungen und Arbeitsmöglichkeiten dem Wohl der Kinder in diesem Sinne verbunden sind. Selbstredend soll das Buch all denen, die einen Zugang zu der Pädagogik des Waldorfkindergartens finden wollen, eine erste Orientierung geben und sie ermutigen, bei weiteren Fragen und Anliegen auf die Kolleginnen und Kollegen eines (nahe gelegenen) Waldorfkindergartens zuzugehen und sich im persönlichen Gespräch auszutauschen.

Hagen, im Mai 2015
Wolfgang Saßmannshausen

---

1   Wenn auch im Folgenden in aller Regel nur die männliche Bezeichnung „Erzieher" bzw. „Pädagoge" verwendet wird, sind selbstverständlich alle Erzieherinnen und Pädagoginnen ebenfalls angesprochen.

1

Wie alles begann …

1.1 Rudolf Steiner – Biografie und Lebenswerk

Als Rudolf Steiner im Jahr 1919 in Stuttgart die erste Freie Waldorfschule gründet, ist er bereits 58 Jahre alt; bis zu seinem Tode am 30. März 1925 sind es nur noch sechs Jahre. In diesen letzten Jahren seines Wirkens hat er sich bemüht, seine geisteswissenschaftlichen Forschungen in verschiedenen Lebensgebieten wirksam werden zu lassen. Es entstehen die Gründungsimpulse für Bewegungen und Arbeitsfelder, die heute in der ganzen Welt anzutreffen sind: Zu ihnen gehören die Waldorf- oder Rudolf-Steiner-Schulen und Kindergärten, aber auch zahlreiche Ausbildungsseminare im Rahmen der Lehrer- und Erzieherausbildung, Krankenhäuser und Therapeutika, Arztpraxen, pharmazeutische Unternehmungen, Kunstakademien, Schauspiel- und Eurythmie-Ensembles, heilpädagogische Einrichtungen, Architekturbüros, Bauernhöfe und Gartenbaubetriebe, die biologisch-dynamischen Landbau betreiben, sowie Unternehmensberatungen und Banken.

All diesen sozial wirksamen Impulsen geht dieselbe Bewegung voraus: Rudolf Steiner entwickelt ihre Grundlagen immer nur zusammen mit Menschen, die seine Ausführungen zur Anthroposophie kennen und nun in ihrem jeweiligen Gebiet für das praktische soziale Leben wirksam werden lassen wollen.

Gehen wir ganz bewusst zu den Wurzeln zurück: Rudolf Steiner wird am 25. Februar 1861 in Kraljewec im damaligen Ungarn geboren. Im Jahr 1868 zieht seine Familie nach Neudörfl bei Wien, wo der inzwischen Siebenjährige die Schule besucht, nachdem ihn zuvor sein Vater unterrichtet hatte. In seiner unvollendeten Autobiografie „Mein Lebensgang" hebt Rudolf Steiner folgendes Erlebnis besonders hervor:

„Bald nach meinem Eintreten in die Neudörfler Schule entdeckte ich (…) ein Geometriebuch. (…) Mit Enthusiasmus machte ich mich darüber her. Wochenlang war meine Seele ganz erfüllt von der Kongruenz, der Ähnlichkeit von Dreiecken, Vierecken, Vielecken. (…) Rein im Geiste etwas erfassen zu können, das brachte mir ein inneres Glück. Ich weiß, dass ich an der Geometrie das Glück zuerst kennengelernt habe. In meinem Verhältnis zur Geometrie muss ich das erste Aufkeimen einer Anschauung sehen, die sich allmählich bei mir entwickelt hat. (…) In den Gedanken konnte ich nicht etwas sehen wie Bilder, die sich der Mensch von den Dingen macht, sondern Offenbarungen einer geistigen Welt auf diesem Seelen-Schauplatz. (…) Ich sagte mir als Kind natürlich nicht deutlich, aber ich fühlte, so wie Geometrie muss man das Wissen von der geistigen Welt in sich tragen. Denn die Wirklichkeit der geistigen Welt war mir so

> gewiss wie die der sinnlichen. Ich hatte aber eine Art Rechtfertigung die-
> ser Annahme nötig. Ich wollte mir sagen können, das Erlebnis von der
> geistigen Welt ist ebenso wenig eine Täuschung wie das von der Sinnes-
> welt. Bei der Geometrie sagte ich mir, hier darf man etwas wissen, was
> nur die Seele selbst durch ihre eigene Kraft erlebt; in diesem Gefühl fand
> ich die Rechtfertigung, von der geistigen Welt, die ich erlebte, ebenso zu
> sprechen wie von der sinnlichen" (Steiner 1975d, S. 16 f.).

Ab 1872 besucht Steiner die Realschule in Wiener-Neustadt. Neben den
mathematisch-geometrischen Fächern, in denen er überragende Leistungen
erbringt (es wurde eine eigens für ihn bestimmte Note „ausgezeichnet" eingeführt), studiert Rudolf Steiner besonders die idealistischen Philosophen.
Im Alter von 14 Jahren bindet er zum Beispiel in den Umschlag seines
Geschichtsbuches Kants „Kritik der reinen Vernunft" ein, um während des
langweiligen Geschichtsunterrichts dieses Werk zu studieren. Da in der Realschule die klassischen Sprachen nicht gelehrt werden, eignet er sich „neben-
bei" im Selbststudium Kenntnisse in Griechisch und Latein an. In diesen
Fächern erteilt er später Schülern Nachhilfeunterricht bis zum Abitur. Im
Jahr 1879 erwirbt er selbst das Abitur „mit Auszeichnung".

Damit Rudolf Steiner in Wien an der Technischen Hochschule studieren kann, lässt sich der bei der Bahn angestellte Vater nach Wien-Inzersdorf
versetzen. Zwischen Abitur und Beginn des Studiums erarbeitet sich Steiner
die Schriften und Gedanken Fichtes, Hegels, Schellings und auch Darwins.
Von welchem inneren Punkt er seine Weltbetrachtung anstellte, beschreibt er
folgendermaßen:

> „Meine Bemühungen um naturwissenschaftliche Begriffe hatten mich
> schließlich dazu gebracht, in der Tätigkeit des menschlichen ‚Ich' den ein-
> zig möglichen Ausgangspunkt für eine wahre Erkenntnis zu sehen. Wenn
> das Ich tätig ist und diese Tätigkeit selbst anschaut, so hat man ein Geis-
> tiges in aller Unmittelbarkeit im Bewusstsein, so sagte ich mir. Ich meinte,
> man müsse nun nur, was man so anschaut, in klaren, überschaubaren
> Begriffen ausdrücken. (…) Vorher hatte ich mich damit geplagt, für die
> Naturerscheinungen Begriffe zu finden, von denen aus man einen solchen
> für das ‚Ich' finden könne. Jetzt wollte ich umgekehrt von dem Ich aus in
> das Werden der Natur einbrechen. Geist und Natur standen damals in
> ihrem vollen Gegensatz vor meiner Seele. Eine Welt der geistigen Wesen
> gab es für mich. Dass das ‚Ich', das selbst Geist ist, in einer Welt von Geis-
> tern lebt, war für mich unmittelbare Anschauung. Die Natur wollte aber
> in die erlebte Geisteswelt nicht herein" (Steiner 1975d, S. 37 f.).

Steiner studiert in Wien Mathematik, Physik, Chemie und Biologie. Neben diesem „Hauptstudium" widmet er sich intensiv philosophischen und geisteswissenschaftlichen Fragen und hört Vorlesungen der Philosophen Franz Brentano und Robert Zimmermann. Die für ihn bedeutendste Begegnung ist jedoch die mit dem Literaturhistoriker Karl Julius Schröer, der Steiners weiteren Werdegang maßgeblich beeinflusst. Durch ihn eröffnet sich der lebenslang andauernde innige Kontakt zum Werk Johann Wolfgang von Goethes. Der 21-jährige Rudolf Steiner erhält 1882 durch Vermittlung Schröers das Angebot, an der von Joseph Kürschner bearbeiteten Ausgabe der Werke Goethes in der „Deutschen Nationalliteratur" mitzuwirken und die naturwissenschaftlichen Schriften zu kommentieren. Im Jahr 1884 erscheint der erste Band. Noch vor Erscheinen der weiteren Bände veröffentlicht Rudolf Steiner sein erstes eigenes Hauptwerk mit dem Titel: „Grundlinien einer Erkenntnistheorie der Goetheschen Weltanschauung – mit besonderer Rücksicht auf Schiller" (1886). Steiner selbst versteht dieses Werk primär als Beitrag zur Erkenntnis- und Wissenschaftstheorie, weniger als Beitrag zur Goetheforschung. In klarer Sprach- und Gedankenform entfaltet er die von Goethe nie ausgesprochene und bearbeitete Methode, die aber seinen Forschungen zugrunde liegt.

Im Jahr 1889 wird Steiner – wiederum durch Karl Julius Schröer – nach Weimar an das Goethe- und Schiller-Archiv vermittelt und mit der Herausgabe der naturwissenschaftlichen Schriften Goethes in der großen „Sophien-Ausgabe" betraut. 1890 zieht er von Wien nach Weimar um und beendet hier 1891 sein Studium mit der Promotion zum Doktor der Philosophie an der Universität Rostock. Die Dissertation wird unter dem Titel „Wahrheit und Wissenschaft. Vorspiel einer Philosophie der Freiheit (Dr. Eduard von Hartmann in warmer Verehrung zugeeignet 1892)" veröffentlicht.

Das Grundanliegen Rudolf Steiners in diesen Jahren besteht darin, die Aktivität des unbeobachteten Elementes unseres Geisteslebens, das Denken in seiner unmittelbar aus dem Geist herrührenden Weise zu erforschen und zu beschreiben. Steiners von Goethe ausgehende erkenntnisphilosophische Arbeiten finden in seinem Hauptwerk „Die Philosophie der Freiheit – Seelische Beobachtungsresultate nach naturwissenschaftlicher Methode" (1894) ihren Höhepunkt.

Von Weimar aus geht Rudolf Steiner 1897 nach Berlin. Er kauft sich als Mitherausgeber (zusammen mit Otto Erich Hartleben, den er aus der Weimarer Zeit kannte) in die Zeitschrift „Magazin für Literatur" ein, was einen radikalen Wandel in seinem Leben zur Folge hat. Bewegte er sich in Wien und Weimar in renommierten Kreisen von Kultur und Wissenschaft, so ist das „Magazin für Literatur" Organ der Avantgarde der Bohemiens. Rudolf Steiner hat in dieser Zeit regen Kontakt mit vielen jungen Künstlern.

Außerdem unterrichtet er in der von Wilhelm Liebknecht begründeten Arbeiter-Bildungsschule. Den Auftrag hatte er unter der Bedingung angenommen, den Unterricht individuell gestalten zu dürfen, ohne die ansonsten üblichen, dem Marxismus verpflichteten Methoden berücksichtigen zu müssen. Mit großem Erfolg bleibt Steiner dieser Aufgabe bis ins Jahr 1905 treu.

In Berlin wird Rudolf Steiner von der Theosophischen Gesellschaft zu Vorträgen eingeladen und nach Begründung der „Deutschen Sektion der Theosophischen Gesellschaft" zu deren Generalsekretär gewählt. Steiner betonte stets, dass er nur über das spreche, was seiner eigenen Forschung und Erkenntnis entspringe. Er ließ nichts gelten, was allein aus okkulter Überlieferung referiert wurde. Mit dieser Haltung geriet er bald in Opposition zu den geistigen Führerinnen der Theosophischen Gesellschaft, Helena Petrowna Blavatsky und Annie Besant. Schon früh benutzt Rudolf Steiner für sein theosophisches Forschen und die dargestellten Ergebnisse der Forschung den Begriff „Anthroposophie".

Im Jahr 1913 findet eine Trennung von Theosophischer Gesellschaft und Anthroposophie statt, als sich Rudolf Steiner weigert, eine Bestrebung anzuerkennen, die in dem indischen Knaben Krishnamurti die Reinkarnation Christi sieht. Die „Anthroposophische Gesellschaft" als selbstständige Gesellschaft wird begründet.

Gemeinsam mit Marie von Sievers, der Leiterin der „Deutschen Sektion der Theosophischen Gesellschaft", begründet Steiner 1902 die Zeitschrift „Lucifer" (später, nach der Zusammenlegung mit der Wiener Zeitschrift „Gnosis", umbenannt in „Lucifer-Gnosis"). Rudolf Steiner ist Hauptredakteur. Das Projekt war sehr erfolgreich, die Zahl der Abonnenten wuchs ständig, dennoch musste die Herausgabe der Zeitschrift im Jahr 1908 eingestellt werden, weil Rudolf Steiner durch eine sich immer mehr ausweitende Vortragstätigkeit in Deutschland und Europa seinen Aufgaben als Redakteur nicht mehr nachkommen konnte. Mit Marie von Sievers begründet Rudolf Steiner den Philosophisch-Anthroposophischen Verlag, der bis 1918 seinen Sitz in Berlin und dann – bis heute – in Dornach (Schweiz) hat.

In der Zeitschrift „Lucifer-Gnosis" und in seinen Vorträgen entwickelt Rudolf Steiner erstmalig die Gedanken, die später Gegenstand und Inhalt der Standardwerke der Anthroposophie werden. Als solche sind zu nennen: „Theosophie" (1904), „Wie erlangt man Erkenntnisse der höheren Welten" (in Buchform 1909), „Die Geheimwissenschaft im Umriss" (1910).

Mit der Publikation dieser Werke ist die erste große Grundlage der Anthroposophie geschaffen. In den Folgejahren entfaltet Steiner den künstlerischen Impuls der Anthroposophie. Zwischen 1910 und 1913 finden in München die Uraufführungen seiner vier „Mysteriendramen" statt. Hier wollte Rudolf Steiner auch einen eigenen Bau als räumliches Zentrum der Anthroposophie errichten, die Pläne konnten jedoch nicht verwirklicht werden. Dafür erhielt er die Möglichkeit, ein solches Zentrum in Dornach bei Basel zu bauen. Dort entsteht ab 1913 das „Goetheanum", dessen künstlerische Gestaltung neue Impulse für Architektur, Malerei und Plastik setzt. Dieser Bau wird an Silvester 1922 durch Brandstiftung vernichtet. Das zweite Goetheanum, nach Rudolf Steiners Tod 1928 eröffnet, ein Betonbau im Gegensatz zur Holzkonstruktion des ersten Baues, ist noch heute Sitz der Allgemeinen Anthroposophischen Gesellschaft.

Vor allem in der intensiven Zusammenarbeit von Rudolf Steiner und Marie von Sievers, seit Weihnachten 1914 Marie Steiner, entstehen in diesen Jahren die Eurythmie, die künstlerischen Zugriffe auf die Gestaltung der Sprache und des Schauspiels.

In der Zeit nach dem Ersten Weltkrieg beginnt die Phase der Gründung diverser Einrichtungen. In diesen schöpferischen Jahren hält Rudolf Steiner zahlreiche Vorträge und Vortragskurse in vielen Ländern Europas. Letztlich sind es ungefähr 6.000 Vorträge, die weitgehend mitstenografiert wurden und in der Rudolf-Steiner-Nachlassverwaltung als Gesamtausgabe herausgegeben worden sind bzw. noch herausgegeben werden.

Wie bereits erwähnt, wurde das äußerlich sichtbare Symbol des anthroposophischen Impulses, das erste Goetheanum, ein Opfer der Flammen. Den Wiederaufbau verbindet Rudolf Steiner mit der inneren Erneuerung der Anthroposophie. So entsteht zu Weihnachten 1923 aus der Anthroposophischen Gesellschaft die „Allgemeine Anthroposophische Gesellschaft". Die Erneuerung betrifft die innere Verbindlichkeit in der Beziehungsstiftung zum Geiste. Die Statuten besagen, dass jeder Mensch – egal, wo er sich sonst innerlich, geschlechtlich, national, politisch, religiös, weltanschaulich beheimatet fühlt – Mitglied dieser Allgemeinen Anthroposophischen Gesellschaft werden kann, wenn er nur den Weg der anthroposophischen Menschen- und Welterkenntnis als einen berechtigten anerkennt. Gleichzeitig begründet Rudolf Steiner die „Hochschule für Geisteswissenschaft", deren Leitung er selbst übernimmt und die von denjenigen, die sich ihr verbinden wollen, einen tiefen Ernst im Umgang mit sich selbst hinsichtlich der Zuwendung zu geistigen Inhalten verlangt.

Das Arbeitspensum Rudolf Steiners nimmt in den nächsten Monaten noch einmal immens zu, bis er im Herbst 1924 so geschwächt ist, dass er ans Bett gefesselt ist. Von hier aus arbeitet er weiter bis zu seinem Tod am 30. März 1925.

1.2 Der Pädagoge Rudolf Steiner

Rudolf Steiner war während seiner Schul- und auch seiner Studienzeit intensiv als Nachhilfelehrer tätig. Im Jahr 1884 wurde er von seinem Universitätslehrer Karl Julius Schröer als Hauslehrer an eine Familie mit vier Söhnen empfohlen. Dreien dieser Söhne erteilte er Nachhilfeunterricht bzw. bereitete sie auf den Schulbesuch vor. Der vierte Sohn der Familie, Otto, wurde ihm ab dessen zehnten Lebensjahr zur vollständigen Erziehung übergeben. Otto Specht litt an Hydrocephalie und galt als bildungsunfähig. Rudolf Steiner nahm die Aufgabe der vollständigen Erziehung an, nachdem er sich versichert hatte, dass die Mutter ihm das nötige Vertrauen entgegenbrachte. Sein Bemühen ging dahin, die schlummernden seelischen Fähigkeiten mit der beeinträchtigten Leiblichkeit des Kindes zu verbinden und ihm die Herrschaft über die Körperäußerungen zukommen zu lassen. Er machte die Erfahrung, dass das entstehende liebevolle Verhältnis zwischen ihm und dem Kind nach kurzer Zeit zum Erwachen der Seelenaktivität führte. Es zeigte sich, dass ein ökonomischer Unterricht, in Bezug auf den Abbau der physischen Kräfte, entscheidend zum Erfolg beitrug, ebenso wie eine rhythmische Anordnung der einzelnen Unterrichtsfächer, -gebiete und -tätigkeiten. Wie erfolgreich Steiners pädagogische Vorgehensweise war, zeigte sich darin, dass das Kind innerhalb von zwei Jahren die Volksschulzeit nachholen konnte, danach die Aufnahmeprüfung zum Gymnasium bestand und das Abitur ablegte. Die Hydrocephalie bildete sich stark zurück. Otto Specht studierte Medizin; er fiel als Soldat im Ersten Weltkrieg.

Rudolf Steiner merkt in seinen Lebenserinnerungen an, dass durch diese Tätigkeit für ihn der „Zusammenhang zwischen Geistig-Seelischem und Körperlichem im Menschen" transparent geworden sei:

> „Da machte ich mein eigentliches Studium in Physiologie und Psychologie durch. Ich wurde gewahr, wie Erziehung und Unterricht zu einer Kunst werden müssen, die in wirklicher Menschen-Erkenntnis ihre Grundlage hat" (Steiner 1975d, S. 74).

In diesem Beispiel wird deutlich, wie wichtig für Steiner das Zusammenspiel von Körper, Seele und Geist für das Lernen ist. Zudem fällt auf, dass Steiner das Vertrauen zwischen Eltern, hier der Mutter, und ihm, dem Pädagogen, in besonderer Weise betont und wertschätzt. Auf der liebevollen Beziehung zwischen Kind und Erzieher basiert der Erfolg von Lernen und Lehren; sie ist ein wesentlicher Faktor der Erkenntnis und bestimmt das Handeln. All diese Qualitäten sind zentrale Aspekte der später entstehenden Waldorfpädagogik.

1.3 Waldorfpädagogik aus dem Sozialimpuls der Anthroposophie

Mit dem Ersten Weltkrieg und seinem Ende bricht in ganz Europa die bis dato bestehende Sozialordnung zusammen. Für einen Moment ist die Zukunft völlig offen. In dieser Zeit und in diesem Kontext erscheinen viele Abhandlungen Rudolf Steiners, und er hält zahlreiche Vorträge. Der Kerngedanke all seiner Arbeiten besteht darin, dass „Gesellschaft" ein lebendiger Organismus ist, der wie der lebendige Organismus „Mensch" keine Teilung seiner einzelnen Glieder kennt, sondern als Ein- und Ganzheit gegliedert ist. So wie der Mensch nicht lebendig verstehbar ist, wenn man zum Beispiel die Tätigkeit und Funktion des Herzens isoliert von jedweden anderen Prozessen betrachtet, so lässt sich auch der soziale Organismus nur als gegliedertes Ganzes und Einheitliches betrachten.

In diesem Sinne ordnet Rudolf Steiner den Organismus in drei Grundwesen („Dreigliederung des sozialen Organismus"):

* das Geistes- oder Kulturleben
* das Rechts-, Staats- und Verabredungswesen
* das Wirtschaftswesen

Und wie beim lebendigen Organismus „Mensch" gelten für die einzelnen Glieder unterschiedliche Beziehungsgesetzmäßigkeiten. So kann zum Beispiel ein für den menschlichen Wahrnehmungsvorgang qualitativ positives Wesensmerkmal wie das „Haben-Wollen", das Interesse an dem, was außerhalb seiner selbst ist, an anderer Stelle zum pathologischen Bild werden, zum Beispiel in Form von Kleptomanie, obwohl auch ihr dieselbe Geste zugrunde liegt.

Rudolf Steiner schließt in seinen Grundideen zur „Dreigliederung des sozialen Organismus" an die Ideale an, die in der Französischen Revolution geboren wurden – Freiheit, Gleichheit, Brüderlichkeit –, entbindet sie aber ihres plakativen Appellcharakters und beschreibt und entwickelt sie als jeweilige Qualitäten unterschiedlicher Lebensbeziehungen des sozialen Organismus:

* Das **Geistes- und Kulturleben** kann sich nur „menschenwürdig" entfalten, wenn in ihm das absolute **Prinzip der Freiheit** herrscht. In dieser Sphäre des Gesellschaftslebens waltet ausschließlich die individuelle Initiative. Und so wie jedes individuelle Wesen sich vom anderen unterscheidet, so sind Zeugnisse des Geisteslebens ihrem Wesen nach individuelle Äußerungsformen des gesellschaftlichen Lebens.
* Das Wesensglied des sozialen Organismus, das die **Rechts- und Verabredungssphäre** beinhaltet, verlangt in seiner menschenwürdigen Form uneingeschränkte Demokratie, das heißt Gleichberechtigung, also

Gleichheit der Menschen, und zwar unabhängig vom individuellen Fähigkeitenpotenzial des Einzelnen. So äußert sich zum Beispiel Johann Wolfgang von Goethe in seinem individuellen Freiheitsgrad durch die unsterblichen Zeugnisse seiner Dichtung; aber in jedweder Gestaltung seiner sozialen Lebensbeziehungen steht er „nur" gleichberechtigt neben allen geschichtlich nicht namentlich überlieferten Menschen seines Lebensumkreises.

* Das **Wirtschaftsleben** berührt die Sphäre der menschlichen Bedürfnisse. Menschliche Bedürfnisse warten auf Zuwendung, auf Befriedigung; sie sind immer in Relation zu den Fähigkeitenpotenzialen zu betrachten. Ein wesentliches Merkmal des Wesens Mensch ist es, auf Fähigkeitenpotenzialen anderer seine Existenz zu gründen. Besonders in seiner Bedürftigkeit ist der Mensch ein soziales Wesen und auf die Fähigkeiten anderer angewiesen. Der ideell-soziale Akt des Gesellschaftslebens ist nicht die Beurteilung von Bedürfnissen anderer, sondern deren Befriedigung. Die Grundgeste, die diese Qualität trifft, ist die **Haltung der Brüderlichkeit.**

Welche Rolle spielt nun die Bildung (vgl. auch Kapitel 3) innerhalb der unterschiedlichen Lebensbeziehungen des sozialen Organismus? Steiner formuliert in einem Aufsatz aus dem Jahr 1919 dazu Folgendes:

> „Worauf es der Gegenwart ankommen muss, das ist, die Schule ganz in einem freien Geistesleben zu verankern. Was gelehrt und erzogen werden soll, das soll nur aus der Erkenntnis des werdenden Menschen und seiner individuellen Anlagen entnommen sein. Wahrhaftige Anthropologie soll die Grundlage der Erziehung und des Unterrichtes sein. Nicht gefragt soll werden: Was braucht der Mensch zu wissen und zu können für die soziale Ordnung, die besteht; sondern: Was ist im Menschen veranlagt und was kann in ihm entwickelt werden? Dann wird es möglich sein, der sozialen Ordnung immer neue Kräfte aus der heranwachsenden Generation zuzuführen. Dann wird in dieser Ordnung immer das leben, was die in sie eintretenden Vollmenschen aus ihr machen; nicht aber wird aus der heranwachsenden Generation das gemacht werden, was die bestehende soziale Organisation aus ihr machen will" (Steiner 1972b, S. 26).

Diese Wechselbeziehung zwischen der Gestaltung von Bildung und Erziehung im Sinne eines „freien Geisteslebens" und einer Erziehung zum freien Menschen sprach besonders Emil Molt, den Direktor der Waldorf-Astoria-Zigarettenfabrik in Stuttgart, an. Von ihm ging 1919 der Impuls aus, im Sinne dieser Idee und des anthroposophischen Menschenbildes eine Schule zu gründen. Diesen Impuls griff Rudolf Steiner dann im August 1919 auf, als er für die erste Lehrergeneration ein intensives Einführungsseminar gestaltete, das als Mitschrift in den Büchern „Allgemeine Menschenkunde", „Erziehungskunst: Seminarbesprechungen und Lehrplanvorträge" und „Erziehungskunst: Methodisch-Didaktisches" veröffentlicht wurde.

Die Begründung der Waldorfpädagogik ist ideell Rudolf Steiner, intentional Emil Molt zuzuschreiben. Zwei Motive waren dabei entscheidend: zum einen die Gestaltung der sozialen Verhältnisse, zum anderen, den Grundbedingungen der Entwicklung des Menschen aus geisteswissenschaftlicher Sicht Rechnung zu tragen.

Auch heute knüpfen waldorfpädagogische Einrichtungen an diesen Gründungsimpuls an. Das zeigt sich in den vielfältigen Bemühungen um die soziale Gestaltung des jeweiligen Kindergartens oder der jeweiligen Schule sowie der steten Berücksichtigung der anthropologischen und psychologischen Grundbedingungen, nach denen sich Kinder und Jugendliche entwickeln.

2 Zum Menschenbild der Waldorfpädagogik

2.1 Entwicklung zur Freiheit

Das Menschenbild der Anthroposophie und Waldorfpädagogik sieht nicht die klassische Trennung von Materie und Geist im Sinne eines Dualismus vor. Auch geht es nicht von den Einseitigkeiten eines klassisch monistischen Idealismus oder Materialismus aus, die letztlich immer einen Teil der Welt als in sich nicht real, sondern als unwesentliche Erscheinungsform oder aber nur fiktiven Überbau anerkennen. Rudolf Steiner selbst kennzeichnet seine Anschauung als „ethischen Individualismus" (vgl. Steiner 1967). Der Gegensatz von Sinnlichkeit und Geist existiert nicht, da der Mensch in seiner sinnlichen Eingebundenheit innere Motive seiner individuellen Existenz verwirklicht. Das Menschenbild der Anthroposophie und Waldorfpädagogik ist somit ein unbegrenzt entwicklungsorientiertes und wertschätzt die menschliche Individualität als höchste Wirklichkeit.

Der Mensch ist ein geistiges Wesen, das in seinen physisch-sinnlichen und seelischen Erscheinungen die Äußerungsmöglichkeit seiner einmaligen Individualität besitzt. Damit ist der Mensch auch jenseits der beiden Sinnestore Geburt und Tod existent. Er tritt nicht als unbeschriebenes Blatt seinen Lebensweg an, sondern trägt ein ihm eigenes Schicksal, ein nur ihm eigenes Lebensmotiv in sich und in sein Leben. Dieses Lebensschicksal lebt gewissermaßen im sozialen Umraum des Menschen. Der Mensch hat die Möglichkeit, dieses Schicksal anzunehmen und so die ihn betreffenden Lebenssituationen als die seinen anzuerkennen und zu gestalten oder sie nicht anzunehmen und ihnen momentan zu entfliehen. In dem Maße, in dem der Mensch identisch ist mit seinem Schicksal, kann er seinem eigenen Leben gegenüber Freiheit erringen. Freiheit ist demnach nicht der Freiraum, zu tun und zu lassen, wie es gerade beliebt, sondern Freiheit bedeutet, mit den jeweiligen Anforderungen und Aufgaben, die als Herausforderung an den Menschen herantreten, eins zu werden. Insofern ist der Sinn des irdisch-menschlichen Daseins die Entwicklung der Freiheit. Freiheit heißt, aus Erkenntnis handeln zu können, das zu tun, was man will, gleichzeitig aber aus tiefster moralischer Erkenntnis auch zu wollen, was man tut – kurz: seine eigenen Handlungen zu lieben, wie es Johann Wolfgang von Goethe ausdrückte.

Diese Aufgabe ist gebunden an den „nicht geistigen Widerstand" des physisch-seelischen Anteils des Menschen. Freiheit ist also nicht Ergebnis der geistigen Existenz des Menschen, sondern entsteht nur im Zusammenspiel zwischen sinnlicher Erfahrung und geistiger Autonomie des Menschen.

Die so verstandene Freiheit schließt immer die Mitentwicklung der Umwelt, der Menschen und der Erde mit ein. Freiheit ist also erst dann wirklich errungen, wenn die Erde als Ganzheit ihre Erfüllung gefunden hat. Da nur der Mensch in der Lage ist, sich aus Erkenntnis der Welt zuzuwenden, kommt ihm die Aufgabe zu, die unvollendete Schöpfung quasi zur Erfüllung zu bringen. Dies erfolgt erst dann, wenn der Mensch eine entsprechend erkennende und moralische (d. h. handlungsorientierte) Beziehung zu allen Wesen der Welt gefunden hat. Urbild für diese Vision des Menschen ist Jesus Christus, den Rudolf Steiner frei von allen religionsphilosophischen und konfessionellen Bindungen den „Menschheitsrepräsentanten" nennt.

Da der Mensch in seinem Leben diese hier kurz skizzierte Entwicklung nur begrenzt leisten kann, kann sein erd- und sinnlichkeitsgebundenes Dasein nicht auf ein Leben beschränkt sein. Der geistige Teil des Menschen durchläuft viele Inkarnationen, die in sich einen Entwicklungsbogen höherer Art bilden. Individuelles Schicksal und Reinkarnation sind somit die Grundsäulen des geistigen Anteils des Menschen.

Untrennbar von diesen Grundsäulen des Menschen ist der Schauplatz der menschlichen Lebensführung. Dessen **von außen kommende Seite** sind die gegebenen Lebenskonstellationen, in denen sich der Mensch bewegt. Hier begegnet ihm die sinnliche Ausdrucksseite seines eigenen Schicksals. Die **mehr innere Seite** des Schauplatzes ist das „Kostüm", in dem der Mensch steckt und sein Leben gestaltet. Hierzu gehören unter dem bereits kurz dargestellten Blickwinkel seine körperliche und seelische Existenz.

In einer weiteren Differenzierung skizziert Rudolf Steiner dieses Kostüm als **„Wesensglieder" des Menschen** wie folgt:

* Gemeinsam mit aller Kreatur besitzt er einen **physischen Leib.** Dieser unterliegt den Gesetzmäßigkeiten, wie sie in der mineralischen Welt gegeben sind.

* Gemeinsam mit der pflanzlichen und tierischen Welt besitzt er darüber hinaus einen **Lebensleib (Ätherleib).** „Er bewirkt, dass die Stoffe und Kräfte des physischen Leibes sich zu den Erscheinungen des Wachstums, der Fortpflanzung, der inneren Bewegung der Säfte usw. gestalten. Er ist also der Erbauer und Bildner des physischen Leibes, dessen Bewohner und Architekt. Man kann daher auch den physischen Leib ein Abbild oder einen Ausdruck dieses Lebensleibes nennen" (Steiner 1992, S. 13).

* Das nächsthöhere Wesensglied ist der **Empfindungsleib (Astralleib).** Ihn hat der Mensch mit dem Tierreich gemeinsam. „Er ist der Träger von Schmerz und Lust, von Trieb, Begierde und Leidenschaft usw. (…) Man kann alles das Genannte zusammenfassen unter dem Ausdrucke Empfindung" (ebd.).

* Das höchste Wesensglied des Menschen ist der „Ich-Leib" oder das „Ich". Dieses teilt er mit keinem anderen Bereich der Schöpfung. „Ein Wesen, das zu sich ‚Ich' sagen kann, ist eine Welt für sich" (ebd., S. 14).

Durch sein Ich ist der Mensch das einzige Wesen der Schöpfung, das aus sich selbst heraus, aus seiner ureigensten geistigen Realität und Existenz, also spontan und potenziell frei und selbstbestimmt, sein Leben gestalten kann. In dem Maße, in dem der Mensch aus seinem Ich heraus die Gestaltung der anderen Wesensglieder betreibt, in dem Maße verwirklicht er sich als geistiges Wesen.

Die Arbeit des Ich an seinen Wesensgliedern hat einen individuellen und einen menschheitsgeschichtlichen Aspekt. So lässt sich die Kulturentwicklung unter diesem Aspekt so verstehen, dass bestimmte Qualitäten der Verwirklichung des Ich in bestimmten Epochen erfolgt sind bzw. erfolgen. Zum Beispiel ist die Verwirklichung der Individualität in der griechischen Hochkultur eine andere gewesen als heute.

Letztlich ist mit der Arbeit des Ich an seinen Wesensgliedern der Sinn des menschlichen Lebens gekennzeichnet. Diese Arbeit kann nur erfolgen, indem der Mensch sich „dem Leben stellt", also ganz den Aufgaben, die ihm begegnen oder derer er sich annimmt, zugewandt ist. In dem Maße, in dem er diese Aufgaben aus seinem Ich ergreift, vergeistigt er sie. Jedes Problem, jede Aufgabe trägt somit die latente Herausforderung für den Menschen in sich, der objektiven Aufgabe gerecht zu werden und sich gleichzeitig in diesem Kontext als freies Wesen zu entfalten. Das menschliche Ich in seiner Arbeit an den Wesensgliedern benötigt das soziale Umfeld. Es hat somit nicht nur die Aufgabe, sich seiner selbst bewusst zu werden, sondern erhält seine Motive des Handelns nur in der Einbindung in seine Umwelt.

2.2 Zum Bild des Kindes und seiner Entwicklung

Jeder Mensch ist seinem intimsten Wesen nach eine geistige Individualität – das gilt auch für das Kind. Das Ich als Träger des menschlichen Lebensmotivs ist dauerhaft, ewig. Gleichzeitig befindet sich aber der Mensch als Ich in seinen verschiedenen Entwicklungsphasen jeweils in einem anderen Grundverhältnis zu seinen übrigen Wesensgliedern. So ist zum Beispiel der Embryo physisch existent, steht aber mit seiner Leiblichkeit der Welt nicht direkt gegenüber, sondern ist noch eingehüllt in die Gebärmutter, aus der er sich buchstäblich „herausentwickelt". Erst mit der Geburt tritt der Mensch mit seiner Leiblichkeit in ein direktes Verhältnis zur Welt und erlebt an ihr den Widerpart seiner eigenen weiteren Entwicklung. Erst jetzt wird es notwendig, so an der sinnlich-physischen Welt teilzuhaben, dass diese zur Grundlage der Existenz wird. Beispielsweise werden nun Fragen der Ernährung, also die Einverleibung der sinnlichen Welt, oder die Begegnung mit den Phänomenen der sinnlichen Welt wie Licht, Klang, Wärme, Geruch etc. zu existenziellen Erfahrungen, die den ganzen Lebenslauf bestimmen können.

Mit der physischen Geburt findet ein Emanzipationsprozess statt, der die bereits vorhandene Leiblichkeit in die Verselbstständigung entlässt. Das gleiche Phänomen gilt für die anderen Wesensglieder. So wie vor der Geburt der physische Leib des Kindes eingebettet ist in die Gebärmutter, so sind die Wesensglieder Lebensleib, Empfindungsleib und Ich gleichsam embryonal umhüllt, um sich schrittweise durch weitere „Geburten" zu emanzipieren. Da sich diese Geburten anders als die leibliche nicht sichtbar artikulieren, bleiben diese Vorgänge verborgener. Allerdings haben sie nicht minder große Bedeutung für die Entwicklung und Gestaltung des Lebens.

Die ersten Lebensjahre sind der Zeitraum, in dem der Mensch die wesentlichste Disposition seiner Leiblichkeit für das ganze Leben findet:

> Es „(...) hat der Menschenleib eine Aufgabe an sich zu verrichten, die wesentlich verschieden von den Aufgaben aller anderen Lebensepochen ist. Die physischen Organe müssen in dieser Zeit sich in gewisse Formen bringen; ihre Strukturverhältnisse müssen bestimmte Richtungen und Tendenzen erhalten. Später findet Wachstum statt, aber dieses Wachstum geschieht in aller Folgezeit aufgrund der Formen, die sich bis zu der angegebenen Zeit herausgebildet haben" (Steiner 1992, S. 21).

Ein signifikantes Zeichen für den Abschluss dieser Entwicklungsperiode ist der Zahnwechsel: Das härteste Mineral des menschlichen Körpers, der Zahnschmelz, wird erneuert. Wie in einer weiteren Geburt tritt nun das nächste Wesensglied – der Lebensleib – in die direkte Beziehung zur Welt.

Die Leib umformende und aufbauende Kraft dieses Lebensleibs emanzipiert sich nun und steht, abgesehen von der Aufgabe, Wachstum und Vitalität des Leibes zu bewirken, direkt für neue Fähigkeiten zur Verfügung. Dies betrifft zum einen den gesamten Bereich der Gewohnheiten innerhalb der menschlichen Lebensäußerungen. So stabilisiert sich beim Kind eine bestimmte Temperamentstendenz. Es ist dies auch die Phase, in der intensiv die Grundlagen der Gewissensbildung gelegt werden.

Das Vorstellungsvermögen des Kindes verändert sich merklich: War es vorher stark leib- und sinnesgebunden und bildete seine Vorstellungen im und aus dem Erleben der sinnlichen Umgebung, kann es nun Vorstellungen willkürlich handhaben. In dieser Phase kann sich das Kind allmählich strukturiert und zielgerichtet und unter Anleitung von außen Zusammenhänge der Welt erschließen.

Aus einer anderen Perspektive betrachtet bedeutet dies, dass nun von außen an die Erinnerung des Kindes appelliert werden kann. Das Gedächtnis ist, im Vergleich zu anderen Lebensphasen, am Anfang des Lebens immens stark ausgeprägt – aber es bleibt in der Regel gebunden an den sinnlichen Eindruck. Nun lösen sich das Gedächtnis und damit die Vorstellungskraft von der sinnlichen Bindung und werden zu einem sicher gehandhabten Instrument des Kindes. Dies ist die Voraussetzung für strukturiertes Lernen, das nun direkt motiviert werden kann bzw. auch vom Kind gewollt wird. Der entwicklungspsychologische Terminus „frei werdender Lernwille" trifft dieses Phänomen exakt. War vorher das Lernen ein unbewusster Vorgang, da es primär an eine sinnlich wirkende Umgebung gebunden war, wird es nun für das Kind aktiv und zielorientiert gestaltbar.

Das Phänomen des frei werdenden Lebens- oder Ätherleibes lässt sich gut an einem körperlich erschöpften oder fiebernden Menschen veranschaulichen. In solchen Situationen ist der Mensch mit seiner Aktivität ganz eingebunden in seine vitalen Prozesse. Konzentriertes intellektuelles Nachsinnen oder zielgerichtetes Arbeiten sind dann kaum oder gar nicht möglich. Das heißt, dass die dem Menschen innewohnenden Lebenskräfte an die Leibesprozesse gebunden sind. Dies ändert sich sofort, wenn ein regenerierter oder gesunder Zustand wieder erreicht ist; die entsprechenden Kräfte sind dann frei für andere Aktivitäten. Entwicklungspsychologisch ist diese Veränderung mit der „Geburt des Lebensleibes" etwa um das siebte Lebensjahr gegeben.

Noch nicht „befreit" bzw. „geboren" ist der Seelen- oder Empfindungsbzw. Astralleib des Kindes. Dieser bleibt nach wie vor quasi embryonal umhüllt, eine selbstständige, **ganz an der Sache ausgerichtete** seelische Beziehung entspricht noch nicht dem Entwicklungsstand des Kindes. Das Kind baut sich selbstständig und frei von den Leibesvorgängen im Erziehungs- und Bildungsgeschehen seine emanzipierte Lebensleiborganisation auf. Seelisch bleibt es an der ‚Nabelschnur des sinnlichen und sozialen Uterus' – Empfindungen und Urteile des Kindes werden vor allem aus den menschlichen Beziehungen heraus erlebt oder getroffen. Anders formuliert heißt das, dass das Lernen des Kindes sehr stark personal ausgerichtet ist. Das Bild der Welt des Erwachsenen, zu dem es Bezug hat, macht starken Eindruck auf das Kind, wobei gerade nach der Geburt des Lebensleibes das gesamte Weltbild noch stark anthropomorph ist, das Kind die Welt als Bild für das Menschsein erlebt.

Die Krise des 9./10. Lebensjahres, in der traditionellen Entwicklungspsychologie auch als „zweite Trotzphase" beschrieben, zeigt nunmehr, wie sich dieses Bild deutlicher differenziert. Mit abnehmender Fantasiekraft des Kindes taucht langsam ein Gefühl für Logik auf, also für die in den Dingen waltenden Zusammenhänge. Das Kind versucht, diese Zusammenhänge denkend zu erfassen. In der Pubertät fällt dann das Kind aus der Eingebundenheit in größere Sinnzusammenhänge heraus und – um einen Begriff Steiners zu nennen – wird „erdenreif". Spätestens jetzt ist deutlich, dass die Befriedigung des eigenen Seelenlebens nicht mehr in der Nachfolge, im Rahmen des personalen Lernens erfolgt, sondern nur im Spiegel der eigenen Urteilsbildung erfahren werden kann.

Dies ist der Moment, in dem der Empfindungs- oder Astralleib geboren wird. Er steht nun enthüllt und frei der Welt gegenüber und muss beginnen, seinen eigenen Standpunkt den Erlebnissen gegenüber zu finden. Es liegt nahe, dass dieser Moment in der Biografie eines jeden Menschen starke Verunsicherung mit sich bringt: Einerseits ist der Schutz der Kindheit verloren, andererseits fehlen noch Kompetenz und Erfahrung, um eigene Standpunkte und Beziehungen den Phänomenen des Lebens gegenüber zu vertreten. Hinzu kommt, dass zur Geburt des Astralleibes die Geschlechtsreife gehört, in der dynamische Kräfte aus der Leiblichkeit die Möglichkeit für Erfahrungen auf einer ganz neuen Ebene eröffnen. Die Zeit zwischen dem Freiwerden des Astralleibes und der Geburt des Ich-Leibes, also zwischen Pubertät und dem Beginn des Erwachsenenseins, ist eine „bewegte Zeit", in der der jugendliche Mensch offen oder latent auf der Suche ist nach bestehenden Zusammenhängen in den verschiedenen Bereichen der Welt, in denen er sich wiederfinden kann.

Das Jugendalter hat heute ein ganz anderes Erscheinungsbild als zum Beispiel noch Mitte des letzten Jahrhunderts. War es damals eine klar definierte Übergangszeit, in der sich der Jugendliche ausgehend von klaren Erwartungen auf eine Welt einstimmte, die mehr oder weniger klare Normen, Wertvorstellungen und Moralbegriffe kannte, so erscheint heute der Prozess der Entfaltung des eigenen Astralleibes weniger strukturiert und abgesichert. Die heutige Lebenslage ist eine viel offenere, in der der Einzelne auf ganz andere Art und Weise sein Verhältnis zu ihm wichtigen und handlungsleitenden Motiven finden muss. Dies hat insbesondere für das Jugendalter erhebliche Konsequenzen, die zum Beispiel in – im Verhältnis zu früheren Jahrzehnten stärkeren – Bewegungen der Regression oder Aggression zum Ausdruck kommen (vgl. insbes. Köhler 1990).

Für die Erziehung Jugendlicher ist die Begegnung mit Menschen wichtig, die in ihren jeweiligen Lebensgebieten idealistisch um Wahrheit ringen. Nur aus dem eigenen verbindlichen Suchen nach Wahrheit in den Lebensbezügen können Erwachsene Führung und Anregung geben und so der Suche des Jugendlichen, die aus der anfänglich bewussten Freiheit entsteht, zur Richtschnur werden.

Der Schritt in das Erwachsenensein bildet den Abschluss dieser Entfaltungsphase des Astralleibes in den Entwicklungsjahren. Die „Ich-Geburt" schließt die Phase ab, in der das Instrumentarium für ein selbstbestimmtes Leben bereitgestellt wird. Der Mensch entlässt sich aus der Fremderziehung und „Geburtshilfe" in die Selbsterziehung, und er muss nun alle Lebensschritte vor sich selbst verantworten. Das, was vorher verschiedene Erwachsene in der Beziehung zum Kind und Jugendlichen verantwortlich geleistet haben, wird zur Aufgabe des frei gewordenen eigenen Ich. Denn im Sinne des Menschenbildes der Waldorfpädagogik setzt nun ein Vorgang ein, der in den verschiedenen Lebensabschnitten des Erwachsenenseins bestimmte „Arbeiten" des Ich an der ausgebildeten Leiblichkeit – das heißt physischer Leib, Lebensleib, Seelenleib – vorsieht, um so Qualitäten des Seelischen und die Beziehung zum Geistigen herauszuarbeiten: Der Mensch geht aus der Erziehung in die Selbsterziehung über.

Vor diesem Schritt, also in den „pädagogischen Jahren", ist das Erziehungsgeschehen – kurz zusammengefasst – folgendermaßen ausgerichtet:

* Von der physischen Geburt bis zum Zahnwechsel oder Schulreife: Konstitution und Disposition des physischen Leibes des Kindes.
* Von der Schulreife bis zur Pubertät: Die Grundlage des gesamten Gewohnheitswesens des Menschen wird geschaffen.
* Von der Geburt des Astralleibes bis zum Erwachsenendasein: Die seelische Beziehungsstiftung zu den Fragen des eigenen Lebens steht im Vordergrund.

2.3 Das „pädagogische Hauptgesetz"

Wenn jeder Mensch, so auch das Kind, den Anspruch auf Individualität in sich trägt, so bedeutet das, dass jeder den Grund seines Daseins in sich selbst hat. Aufgabe der Erziehung ist es, gemeinsam Wege zu finden, damit der werdende Mensch selbst seinen Daseinsgrund entdecken kann. Erziehung ist also „Entwicklungshilfe". Welche methodischen Perspektiven ergeben sich daraus für die Pädagogik?

Rudolf Steiner hat das Verhältnis des Erwachsenen zum Kind prinzipiell in seinem „pädagogischen Hauptgesetz" beschrieben. Es besagt, dass das menschliche Instrumentarium des Pädagogen jeweils die Wesensqualität ist, die sich beim Kind gerade entwickelt – genauer: „geboren" wird. Je nach Lebensaltersstufe des Kindes stellt sich also ein anderer Zusammenhang her (vgl. Steiner 1985, S. 33 f.). So wird das ungeborene Kind in erster Linie von der physischen Leiblichkeit der Mutter „erzogen". Ein sehr einleuchtender

Gedanke, denn alle Erfahrungen, die die Mutter während der Schwangerschaft macht – seien es leibliche, zum Beispiel durch die Ernährung, oder seelische, etwa durch Stress, Angst oder Freude –, wirken sich leiblich auf den sich entwickelnden Embryo aus. In der Vorschulzeit besagt dieser „gesetzeshafte" Zusammenhang, dass all das, was der Gewohnheit (also dem Ätherleib des Erziehers) entspringt, größte Bedeutung hat. Nicht kognitiv begründete Anschauungen oder intellektuelle Einsichten in die anstehenden Fragen sind das Bildende, sondern die viel tiefer liegende Haltung, das „So-Sein" des Erwachsenen wirkt im Besonderen:

> „Nicht moralische Redensarten, nicht vernünftige Belehrungen wirken auf das Kind (…), sondern dasjenige, was die Erwachsenen in seiner Umgebung tun. Belehrungen wirken nicht formenbildend auf den physischen Leib, sondern auf den Ätherleib, und der ist ja bis zum siebenten Jahre ebenso von einer schützenden Äthermutterhülle umgeben, wie der physische Leib bis zur physischen Geburt von der physischen Mutterhülle umgeben ist. Was sich in diesem Ätherleibe vor dem siebenten Jahre an Vorstellungen, Gewohnheiten, an Gedächtnis usw. entwickeln soll, das muss sich in ähnlicher Art ,von selbst' entwickeln, wie sich die Augen und die Ohren im Mutterleibe ohne die Einwirkung des äußeren Lichtes entwickeln" (Steiner 1992, S. 22).

Das kleine Kind nimmt den Erwachsenen in seinen Handlungen wahr, und das ist der Anknüpfungspunkt für das Kind. Denn in Handlungen und Taten drückt sich die Individualität des Erwachsenen für das Bewusstsein des Kindes viel intimer aus als in Anschauungen oder Erklärungen.

Mit dem Zahnwechsel ist das Gewohnheiten bildende Vermögen des Kindes emanzipiert. Nun ist es die seelisch „astrale" Organisation des Erwachsenen, mit der dieser das Kind führt. Der Astralleib des Kindes ist wie embryonal umhüllt und wird erst mit der Pubertät frei. Das eigenständige, rein seelisch erlebte Bild der Welt steht dem Kind noch nicht zur Verfügung. Es ist die Aufgabe des Erwachsenen, dem Kind dieses Bild zu vermitteln. Nicht die abstrakte Erklärung ist es, die das Kind in den anfänglichen Schuljahren erwartet, sondern das sinnige Bild, in dem die Welt als Abbild für moralisch-menschliche Qualitäten erscheint. „Alles Vergängliche ist nur ein Gleichnis" – Goethes Aussage hat in dieser Lebensaltersphase existenzielle Bedeutung.

Das Medium, das in diesem „zweiten Jahrsiebt" zur Vermittlung von Bildern der Welt insbesondere von dem Erwachsenen eingesetzt wird, ist die bildhaft anschauliche Sprache. Die seelische Ebene, die im Vordergrund steht, ist die emotionale.

Wenn der Astralleib des Kindes geboren ist, benötigt der nun Jugendliche einen verbindlich für eine Idee eintretenden Erwachsenen. Der Mensch, der aus seinem Ich heraus um Wahrheit ringt, bietet einen Ansatzpunkt, dem der Jugendliche aus eigener Entscheidung und aus freiem Willen folgen kann. Ideen drücken sich in der Verbindlichkeit des Gedankenlebens aus. Insofern ist die seelische Ebene des Denkens diejenige, in der sich Jugendlicher und Erzieher besonders begegnen.

2.4 Grundcharakteristika waldorfpädagogischer Entwicklungspsychologie

Das Kind lebt „leibliche Religiosität"

Wie bereits beschrieben, ist der physische Leib des Kindes das Wesensglied in seiner ersten Entwicklungsphase, das wirklich emanzipiert ist und unmittelbar erreicht wird. Betrachten wir diesen Vorgang genauer: Rudolf Steiner nennt den Zustand des physischen Leibes bei der Geburt „Modellleib". Er ist dem Kind von seinen Eltern und Vorfahren zur Verfügung gestellt. Unabhängig von der Frage, wie das Ich des Kindes dazu kommt, sich in diese physisch bestimmende Ahnenreihe zu stellen, ist so eine Disposition veranlagt. Bei der ersten direkten Konfrontation des Kindes mit der sinnlichen Umgebung beginnt der Prozess der Individualisierung dieser gegebenen Situation. Vergleichbar mit der Übernahme eines vererbten Hauses, beginnt der neue „Besitzer" die vorgegebene „Bausubstanz" seinen Intentionen entsprechend umzugestalten. Das Ich individualisiert seine leibliche Behausung. Der alte Begriff der „Inkarnation" trifft diesen Vorgang sehr genau. Wörtlich bedeutet er „ins Fleisch einsteigen". Das Ich als geistige Substanz ergreift den Leib und verankert sich in ihm. Alles, was das Kind erfährt, manifestiert sich in der Individualisierung des Leibes. Die Tätigkeit des Ich ist noch ganz leibgebunden.

Insofern lässt sich die Erziehungs- und Bildungsaufgabe in diesem Entwicklungsabschnitt als „leibliche Erziehung" beschreiben. Rudolf Steiner charakterisiert die Grundgeste des kleinen Kindes in diesem ersten großen Entwicklungsabschnitt bis hin zum Zahnwechsel als „leibliche Religiosität". Im herkömmlichen Sinne ist Religiosität eine Geste der seelischen Hingabe. Das Kind leistet diese Geste in noch viel tieferem und unbewussterem Sinne, nämlich gebunden an seine Leiblichkeit.

Das Kind ist „ganz Sinnesorgan"

Die „Tore" der Leiblichkeit sind die Sinnesorgane. Wenn der Konzentrationspunkt des Ich in diesem Lebensalter der physische Leib ist, dann kommt der Tätigkeit der Sinne eine besondere Bedeutung zu. Durch die Sinnestätigkeit verbindet sich das Kind mit einer seinem Ich gegebenen Welt. Die Folge ist, dass alles, was im leiblichen Umkreis des Kindes geschieht, Bedeutung für seine Entwicklung und den angesprochenen „Inkarnationsvorgang" besitzt.

Im bewussten Umgang mit den Sinneserfahrungen besteht für den Erwachsenen die Möglichkeit, Eindrücke entsprechend einzuordnen, sich von ihnen kritisch zu distanzieren, aus der Erinnerung „Gegenbilder" zu erzeugen oder Bewertungen aus der eigenen Haltung bzw. Weltanschauung vorzunehmen. Von daher entwickelt er einen Filter und Schutz bzw. trifft gezielt Entscheidungen, was seine Sinne erreichen soll und was nicht. Wie kompliziert dieser Vorgang ist und welchen Selbsttäuschungen Menschen dabei unterliegen, zeigt das Beispiel der Werbung, die teilweise so subtil die Sinne anspricht, dass die Eindrücke nicht das wache Bewusstsein erreichen, gleichwohl aber zu handlungs- und entscheidungsleitenden Faktoren werden können.

Das Kind ist nicht in der Lage, diesen Schutz oder Filter zu erzeugen. Es ist – je jünger, desto deutlicher – den Eindrücken ausgeliefert. Andererseits benötigt es diese Eindrücke aber auch gewissermaßen als die Substanz, mit der es den „Umbau" seiner Leiblichkeit leistet. Rudolf Steiner nennt deshalb als zweite Charakteristik des kleinen Kindes: Das Kind ist „ganz Sinnesorgan" (vgl. Steiner 1972c, S. 14 f.; ders. 1973, S. 104 ff.; ders. 1972d, S. 55 f.). Auch später noch ist der Mensch Sinnesorgan, jedoch ist der Prozess der Sinneswahrnehmung stets verbunden mit der Aktivität der gedanklichen Einordnung; insofern trifft die Charakteristik des „ganz Sinnesorgan" nur diesen ersten Abschnitt des Lebens.

Die kindliche Grundstimmung: „Die Welt ist gut!"

Will man den Bewusstseinszustand des Kindes, seine Grundbeziehung zur Welt beschreiben, fällt die unkritische Haltung auf: So wie die Welt gegeben ist, so wird sie angenommen. Aus anderer Warte betrachtet zeigt sich, dass das Kind sich mithilfe seiner Sinne bedingungslos mit der Welt verbindet. Das hier unbewusst und implizit zugrunde liegende Weltbild ist: „Die Welt ist gut!" Die ersten Lebensjahre sind somit die Zeit, in der der Mensch am intimsten Fuß fasst auf der Welt, in die er sich mit wachsendem Alter zunehmend kritisch und gestaltend einbringt. In dieser Phase wird das Grundprinzip der Verantwortung im organisch-lebendigen und menschlichen Bereich veranlagt: Verantwortung und Verbindlichkeit können erst dann angelegt werden, wenn gleichzeitig Zuwendung und Liebe gegeben sind. Insofern benötigt das Kind in diesem Alter die Bestätigung der Erfahrung, dass die Welt gut ist – oder genauer: dass die Welt der Ort ist, in der der Mensch das Gute ständig neu verwirklichen kann.

Das Kind lebt in der Nachahmung des Vorbilds

Jedes Tier trägt den Grundstock seiner Fähigkeiten fertig in das Leben mit hinein und entfaltet nun auf dieser Basis seine artspezifischen und instinktgebundenen Fähigkeiten. Der Mensch ist demgegenüber „weltoffen" und eine „physiologische Frühgeburt", die eines „extrauterinen Frühjahrs" bedarf (vgl. Portmann 1969). In dieser Zeit entfaltet das Kind die Basis der drei großen Souveränitäten des menschlichen Wirkens – nämlich souverän zu werden gegenüber der physischen Welt, souverän zu werden in der sozial-zwischenmenschlichen Welt und souverän zu werden gegenüber einer begrifflich-ideellen Welt.

Etwas schlichter formuliert heißt dies, dass die drei spezifisch-menschlichen Grunddaseinsäußerungen Gehen, Sprechen und Denken erworben werden. Für den Erwerb der menschlichen Basisfähigkeiten braucht das Kind die zwischenmenschliche Beziehung. Äußerst präzise formuliert es der Dichter Novalis: „Das Menschsein lernt der Mensch nur am Menschen."

Insbesondere in der intimen Beziehung zu den wirklich nahen Bezugspersonen findet das Kind die Kraft und den Ansatzpunkt, seine Beziehung zur Welt individuell aufzubauen. Nicht die äußere, gegebenenfalls messbare oder fototechnisch festhaltbare Geste des Erwachsenen ist der Bezugspunkt des Kindes, sondern das Ich des Anderen, der sich in seinen Gesten individuell äußert, ist der entscheidende Partner des Kindes. Diese Beziehung von Ich zu Ich – vom Ich des Erwachsenen zum Ich des Kindes – nennt Rudolf Steiner die lebensentscheidende Vorbild-Nachahmungs-Beziehung, in der gewissermaßen alle Grundcharakteristika der kindlichen Persönlichkeit und seiner Entwicklungsbedingungen kulminieren. Gleichzeitig belegt jedes Kind mit dieser überlebensnotwendigen Beziehungsstiftung, dass „innen" und „außen", Ich und sozialer Umkreis keine unüberbrückbaren Gegensätze sind, sondern dass Ich und Welt nur einheitlich und ganzheitlich zu verstehen sind: Die Entfaltung des Ich, der Individualität, ist nur im Spannungsfeld der menschlichen Beziehung leb- und denkbar.

Das Kind ist immer wesentlich

Diese intime Ich-Beziehung des Kindes zeigt eine große, ja fast urbildhafte menschliche Fähigkeit. Das Kind schaut nicht allein auf die Außenseite des menschlichen Wirkens, sondern besitzt die Fähigkeit, den Menschen in seinem Kern und seinen Handlungen zu differenzieren. Anders formuliert: In der menschlichen Beziehung schwingt im Erleben des Kindes immer die Möglichkeit des anderen Menschen mit, die unendlich groß ist. Gemeint ist damit der Teil des Ich, der noch nicht geworden ist, sondern der werden kann oder will. Das Kind lebt immer in Beziehung zu dem Teil des Menschen, der in jedem Augenblick neu geboren werden kann, wenn der Mensch es zulässt.

Friedrich Schiller charakterisiert diesen Teil des Menschen als „idealischen Menschen", wenn er schreibt: „Jeder individuelle Mensch (…) trägt, der Anlage und Bestimmung nach, einen reinen idealischen Menschen in sich, mit dessen unveränderlicher Einheit in allen seinen Abwechselungen übereinzustimmen die große Aufgabe seines Daseins ist" (Schiller 1989, S. 13).

Das Kind hat immer einen Bezug zu dem geistigen Wesen, das sich in dem Wahrnehmungsobjekt, in der Erscheinung für die Sinne verbirgt. Es hat somit immer ein Verhältnis zum Wesentlichen. Es ist in jedem Augenblick eins mit dem Wesen seiner Umgebung: Das Kind ist ständig identisch und authentisch.

Um dieses Phänomen zu verdeutlichen, hier ein kleines Beispiel: Beim Spracherwerb tauchen immer mal wieder Fehler auf, wenn das Kind etwa erzählt: „Ich gehte mit Oma in den Garten." Das Kind hat nie zuvor diese grammatikalisch falsche Form gehört, alle Partner des Kindes haben die richtige Flexionsform des unregelmäßigen Verbs benutzt. Nicht der sinnlichen Hörerfahrung entspringt dieser Fehler, sondern dem Bezug des Kindes zum Wesen der Sprache. Die falsche Form „gehte" entspricht dem Sprachgeist, dem Wesen der Sprache, dem das Kind in seinem Spracherwerbsprozess verbunden ist.

3

Bildungsdiskussion und Waldorfkindergarten-pädagogik

3.1 Zielvorstellungen des Bildungsprozesses und Waldorfpädagogik

Durch Bildungsdiskussionen und Bildungsreformen im politischen Bereich werden direkt oder indirekt Zielvorstellungen des Bildungsprozesses beschrieben. Diese haben stets einen Bezug zur Gesellschaft und der ihrer latenten Meinungsbildung entsprechenden Mehrheitsauffassung. Das, was den allgemeinen Trend ausmacht, findet sich in den Eckdaten des jeweils beschriebenen Bildungsbegriffs in aller Regel wieder. Insofern sind Bildungsdiskussionen nicht frei wissenschaftlich begründete Vorgänge, sondern gewöhnlich Sekundärprozesse, die wissenschaftliche Ergebnisse in einen gesellschaftssteuernden Prozess einordnen.

Als markantes Beispiel mag der in den USA ausgelöste „Sputnickschock" (1958) dienen, der eine weltpolitische Existenzangst der amerikanischen Gesellschaft in ganz bestimmte Bildungsvorstellungen transponiert und dadurch auch zur Verschulung der frühesten Kindheit beigetragen hat. Andere Beispiele sind die Forderungen nach Einsatz elektronischer Medien und dem Erwerb einer Fremdsprache im Kindergartenalter, wie sie zum Beispiel durch Unternehmer- und Industrieverbände aufgestellt werden. Immer sind es vermutete oder behauptete Motive der gesellschaftlichen Notwendigkeiten und eine daraus resultierende Bewertung bestimmter Fähigkeiten, Kenntnisse oder Wertschätzungen. So ist etwa in Deutschland die De-jure-oder De-facto-Vorverlegung des Einschulungsalters ein Vorgang, der in erster Linie einer gesamtgesellschaftlichen Intention entgegenkommt, nämlich zu einem früheren Zeitpunkt als bisher – vergleichbar anderen Gesellschaften – junge Erwachsene bereits im akademischen Berufsleben zu wissen und somit im beruflichen Alltag mehr Menschen in kreativen biografischen Phasen zur Verfügung zu haben. Überdeutlich formuliert: Reformen im bildungspolitischen Bereich neigen tendenziell dazu, neue Maßstäbe der Anpassung von Kindern an ein aktuelles gesellschaftliches Bild zu setzen.

Eben genau diese Funktion der Anpassung von Kindern an ein aktuelles gesellschaftliches Bild beschreibt Rudolf Steiner als entwicklungshemmenden Ansatz und Missachtung dessen, was durch heutige Kinder an Neuem in das Gesellschaftsleben kommen kann, wenn Erziehung und Bildung „nur aus der Erkenntnis des werdenden Menschen und seiner individuellen Anlagen" erfolgen (Steiner 1972b, S. 26).

Waldorfpädagogik ist der stete Versuch, die Grundlagen des pädagogischen Handelns nur aus der im Kinde liegenden Entwicklungsdynamik abzuleiten. Dies ist zum einen ein allgemeiner Vorgang, dem ein genereller Entwicklungsbegriff zugrunde liegt, zum anderen immer mehr ein individueller

Vorgang, der die jeweilige Ausgestaltung der Entwicklung durch das einzelne Kind berücksichtigen will. Damit dieser Spagat gelingen kann, müssen die Bedingungen geschaffen werden, dass das Kind sich in einem vom Pädagogen erzeugten und verantworteten Raum selbst entwickeln und letztlich sich nur selbst bilden kann. Dieser Raum verlangt als Rahmen die Berücksichtigung der allgemeinen Entwicklungssituation, in dem eine individuelle Ausgestaltung möglich ist und bleibt. „Eckdaten" eines solchen Raumes sind im Vorschulalter die in Kapitel 2.4 beschriebenen Grundlagen der kindlichen Entwicklung – wie etwa: Das Kind braucht den Erwachsenen als Vorbild und ahmt nach. Das Leben muss „echt" und kein konstruierter Raum sein. Das Kind braucht Sicherheit, um frei aktiv gestalten zu können.

Insofern fragt die Pädagogik des Waldorfkindergartens nicht nach gesellschaftlichen Tendenzen, sondern der in einer jeweils aktuellen gesellschaftlichen Situation stehende Erwachsene verantwortet durch seine Person diesen Raum.

3.2 Lernzielorientierung oder „Absichtslosigkeit"?

Die Veränderungen der Rahmenbedingungen im Bildungsbereich des Vorschulalters seit der Veröffentlichung der PISA-Studien beschreiben in vielfältiger Weise direkt oder indirekt Kompetenzen, die es als Bildungsziel im Vorschulbereich zu vermitteln gilt. Diese Kompetenzbeschreibungen gelten selbstverständlich für alle Kindergärten, also auch für Waldorfkindergärten. In aller Regel haben die Kinder, die einen Waldorfkindergarten besuchen, am Ende ihrer Kindergartenzeit die beschriebenen Kompetenzen erworben. Konzeptionell ist es aber nicht das Anliegen der Waldorfkindergartenpädagogik, in direkter Weise, also letztlich lernzielorientiert, jedwede Kompetenz zu vermitteln. Ganz im Gegenteil ist es das Ideal der Waldorfkindergartenpädagogik, dass der Erzieher dem Kind in größtmöglicher Absichtslosigkeit entgegentritt. Die Absicht des Erwachsenen ist gerichtet auf die Qualität der Umgebungsgestaltung, wobei mit Umgebung (vgl. auch Kapitel 4.2, 4.3 & 4.4) die räumliche, zeitliche und seelische gemeint ist. Innerhalb einer solchen Umgebung erwerben die Kinder Kompetenzen – nicht, weil der Erzieher in diese Richtung einen Prozess steuert, sondern weil die Kinder an einem qualitativ wertvollen Leben teilhaben, wodurch sie sich selbst zu diesem Kompetenzgewinn und der Kompetenzerweiterung führen.

Ein Beispiel dafür ist das Tischdecken: Täglich sind die Kinder an diesem hauswirtschaftlichen Vorgang beteiligt. Sie erleben, wie selbstverständlich durch die bewusste Zuordnung von Teller, Schüssel, Becher, Löffel eine höhere kulturelle Ordnung hergestellt wird, die Lebensqualität nicht nur durch die Funktion, sondern auch durch die ästhetische Darbietung besitzt. Ebenso erfahren sie, dass jeweils für die anwesenden Kinder und Erwachsenen – also eine nachvollziehbare Anzahl – gedeckt werden muss. So erwirbt das Kind am Leben einen in das Leben eingeordneten Begriff von Zuordnungen, Zahlen und Zahlenverhältnissen. So werden auch mathematische Basiskompetenzen grundgelegt, ohne dass dies erklärte Absicht der Pädagogik ist. Die Absicht bezieht sich auf die Qualität des Tischdeckens – als Ausdruck für das Angehen der Aufgaben, die im Leben bewältigt werden müssen, wenn Freude und Zufriedenheit entstehen sollen.

Diese intentionale und methodische Sichtweise gilt für alle anderen Kompetenzen gleichermaßen: Sprachkompetenz entsteht durch tägliches Erzählen bzw. Hören von sprachlich anspruchsvollen Märchen und rhythmischen Geschichten, durch tägliche Reigen- und Bewegungsspiele, in denen die Koordination von Bewegung und Sprache wie selbstverständlich vollzogen wird, durch wiederkehrende Sprüche und Sprachwendungen zu bestimmten täglichen Ereignissen wie Aufräumen, Frühstück, Mittagessen oder Verabschieden. Insbesondere aber sind es die Sprache des Erziehers selbst und seine Fähigkeit, Kindern geduldig zuzuhören, die die kindliche Sprachkompetenz fördern. Immer sind es Aktionen, die unabhängig von Kompetenzvermittlungsabsichten die Qualität des Tages für die Kinder und Erwachsenen in ihrem Zusammenleben erhöhen.

Abgesehen davon, dass für die kindliche Entfaltung sozialer Fähigkeiten die Vorbilder der Erwachsenen in ihrem gegenseitigen Umgang entscheidend sind, entstehen durch entsprechend gepflegte Gewohnheiten im Leben der Kinder „wie von selbst" die entscheidenden Kompetenzen: gegenseitiges Helfen beim Anziehen, immer wiederkehrende Beteiligung an hauswirtschaftlichen Tätigkeiten etc. Insbesondere gilt dies für das freie Spiel, in dem das Kind durch Selbstbestimmung seiner Spielinhalte zu sich kommt – eine unabdingbare Voraussetzung für soziale Kompetenz – und andere Kinder mit einbezieht, gemeinsam das Spiel weiterentwickelt und etwa als älteres Kind den Jüngeren Hilfen gibt.

Waren die Entwicklungsschritte und Kompetenzzuwächse schon immer Gegenstand der bewussten Bildgestalt der einzelnen kindlichen Persönlichkeiten in der Konferenz und in speziellen Kinderbesprechungen im Waldorfkindergarten, finden sie heute ihren Niederschlag in den im Rahmen der Bildungsdiskussion angeregten und eingeforderten Dokumentationen der kindlichen Entwicklung.

3.3 Übergang vom Kindergarten in die Schule

Entwicklung ist genau wie Bildung kein additiver Vorgang völlig unterschiedlicher Phasen, sondern ein sich verwandelndes, fließendes Kontinuum. Dieser Prozess wird umso mehr unterstützt, je ganzheitlicher er von den Pädagogen in den Blick genommen wird. Von daher ist es verständlich, dass es zum Grundkonzept der Waldorfpädagogik gehört, dass Waldorfkindergarten und Waldorfschule eng zusammenarbeiten. Einige Waldorfkindergärten stehen in der Trägerschaft des Kindergarten und Schule umfassenden Schulvereins, sodass in jeder Hinsicht Nähe gegeben ist; in anderen Fällen arbeiten die Kollegien in dem durch die räumlich bedingte Entfernung möglichen Maße regelmäßig zusammen.

Neben dem steten Bemühen, entwicklungspsychologisch, pädagogisch und an der Verwandlung des methodisch-didaktischen Zugriffs auf die Erziehungs- und Bildungsaufgabe Kindheits- und Jugendjahre als einen Entwicklungsprozess zu verstehen, steht natürlich mit Blick auf die Zusammenarbeit von Kindergarten und Schule die Gestaltung des Übergangs im Zentrum. Eine besondere Herausforderung stellt hierbei die Tatsache dar, dass Schulreife, also ein organisch-ganzheitlicher Entwicklungsstand, als Kriterium der Gestaltung in der modernen Bildungsdiskussion keine Rolle mehr spielt. Schulfähigkeit, verstanden als etwas zu Gestaltendes, „Herbeizuführendes", wirft ein neues Licht auf den Übergang vom Kindergarten in die Schule. Nur so ist es neben der politischen Dimension (frühere Erschließung des Faktors Humankapital – für mich ein „Unwort" in der Sprache der Bildung – für die ökonomischen Prozesse) zu verstehen, dass entweder durch Vorverlegung des Einschulungsalters oder aber auf Wunsch der Eltern hin immer mehr Kinder vor der klassischen „Schulreifezeit" in die Schule kommen.

Dies ist selbstverständlich auch für die Waldorfeinrichtungen konkrete Herausforderung. Doch es gibt nicht die Lösung der Waldorfpädagogik für diese Aufgabe. In einzelnen Schulen sind sogenannte „Brückenklassen" als Eingangsklassen eingerichtet, in denen Lehrer und Erzieher gemeinsam die

Kinder unterrichten und betreuen, die entweder schulpflichtig, aber noch nicht schulreif sind, oder auf Bitten und Drängen der Eltern vor der eigentlichen Schulpflichtzeit in die Schule kommen sollen. Andere Schulen kennen das Modell des sogenannten „Wanderlehrers". In diesen Fällen verbleiben die noch nicht schulreifen, aber schulpflichtigen Kinder im Kindergarten und werden zu bestimmten Zeiten von einem Lehrer begleitet und unterrichtet. Andere Schulen wiederum wenden sich durch eine stärkere Binnendifferenzierung des Unterrichtsgeschehens den einzelnen Kindern unterschiedlich zu und versuchen die mehr indirekte Lernatmosphäre des Kindergartens für einige Zeit in die Schulzeit zu integrieren.

Dass der Begriff der Schulreife für den Bildungslauf eines Kindes heute keine Bedeutung hinsichtlich der institutionellen Zuordnung mehr hat, ist aus Sicht der Waldorfpädagogik äußerst bedauerlich und widerspricht einer lebendigen Anschauung kindlicher Entwicklung. Umso mehr ist die Zusammenarbeit der Elementar- und Primarstufenpädagogen gefragt. Dort, wo Kindergarten und Schule räumlich zusammenliegen, treffen sich die Kollegen in der Regel in der wöchentlichen Konferenz. Dort, wo die Einrichtungen voneinander unabhängig sind, sind es einzelne Konferenzen, in denen gemeinsam an pädagogischen Fragen gearbeitet wird. Auf jeden Fall gibt es eine intensive Zusammenarbeit in den Fragen des Übergangs der Kinder vom Kindergarten in die Schule. In der Regel hospitieren Lehrer im Kindergarten, um die Kinder, die in die Schule kommen oder kommen sollen, im Kontext der Kindergartengruppe kennenzulernen. Umgekehrt hospitieren Erzieher in der Schule, um die andere „Bildungsstimmung" der Schule zu erleben und so sicherer in ihrer Bewertung der Frage der Einschulung zu sein.

Auch mit den Rektoren und Lehrern der umliegenden Grundschulen suchen die Erzieher des Waldorfkindergartens Kontakt, der allerdings aus zeitlichen und organisatorischen Gründen in der Regel auf die unmittelbaren Übergangsgestaltungsfragen beschränkt bleibt.

3.4 Entwicklung zu Familienzentren

Eine merkliche Veränderung im Rahmen der Bildungsdiskussion ist die grundsätzliche Ausrichtung des Fokus. War bisher immer das Kind das Zentrum der Fokussierung, ist es heute das Kind in seinen vielfältigen Bezügen – insbesondere auch seinen familiären.

Insofern ist es verständlich, dass die Entwicklung eine Linie vom Kindergarten zum Familienzentrum oder Haus für Kinder und Familien zeichnet. Aus Sicht der Waldorfpädagogik gibt es hierzu ein differenziertes Bild:

Zum einen ist jeder Waldorfkindergarten aus sich heraus „Familienzentrum". Das Grundmotiv Rudolf Steiners, das besagt, dass pädagogische Einrichtungen „Keimzellen der Kulturerneuerung" (vgl. Kapitel 5.7) sein mögen, beschreibt bereits umfassend den Auftrag. Die lebendige Aufgabe besteht darin, in jedem Moment den institutionellen Charakter zu überwinden und „Lebensraum für Begegnung" zu werden, in dem die zum Kind gehörenden Personen auch ihren Platz haben. Wie kann sonst der Gedanke verstanden werden, dass Erziehung und Bildung Mitgestaltung des Schicksals eines Kindes sind?

Die menschlichen Bezüge des Kindes gehören zu ihm und müssen, entsprechend gewürdigt, auch in Kindergarten und Schule ihren Platz haben. Dass dieser Auftrag in der Realität immer an Grenzen des Leistbaren stößt, ist eine andere Frage, setzt aber den ideellen Auftrag keineswegs außer Kraft. Insofern ist der Waldorfkindergarten immer der Ort, an dem die Fragen, aber auch Nöte und Probleme der Familien der Kinder auf offene Ohren stoßen und Unterstützung erfahren. So ist auch zu konstatieren – letztlich weltweit –, dass sich im Laufe der letzten Jahrzehnte und verstärkt in den letzten Jahren die konkrete Arbeit im Kindergarten merklich verändert hat und weiter verändert, indem sich die Familie als primärer Ort der kindlichen Sozialisation und Individuation rasant gewandelt hat. Scheinbar selbstverständliche Erziehungsgrundsätze und Vermittlungen von Werten als familiär zu lebende bzw. zu pflegende Aufgaben treten faktisch in den Hintergrund – unabhängig von gesellschaftlicher oder bildungsmäßiger Einordnung der Familien –, sodass die Beziehungsgestaltung zu Eltern oder den mit den Kindern lebenden Partnern eines Elternteils, aber auch zu Großeltern eine immer aktuellere Aufgabe wird (vgl. Kapitel 5.5). Die früher quasi in der Generationsfolge selbstverständlich vermittelte Grundbasis eines „Erziehungs-Know-hows" findet heute nur noch in sehr geringem Maße statt, sodass elementarste Aufmerksamkeiten der Eltern bzw. der Bezugspersonen für die latenten Bedürfnisse von Kindern im Kindergarten häufig erst geweckt werden müssen.

Die Wirkung der aktuellen Bildungsdiskussion besteht oft darin, dass bereits ab dem frühesten Kindesalter die Zeit vor der Schule als Vorbereitungszeit für schulisches Lernen verstanden wird und andere bedeutende Begleitungen des Kindes in den Hintergrund treten oder sogar in Vergessenheit geraten. Ein Beispiel mag die Integration der zweijährigen Kinder in das „normale" Gruppengeschehen des Kindergartens sein. Das Bewusstsein dafür, wie Kinder in diesem Alter ständig in dualer Beziehung leben und dadurch andere Bedürfnisse der Begegnung als ältere Kinder haben, verschwindet mit enormem Tempo. Die „Erziehungs- und Bildungshaltung" orientiert sich immer mehr am Machbaren und immer weniger an dem, was entwicklungsimmanent sinnvoll ist.

Auch Waldorfkindergärten stehen innerhalb dieser Problematik und verändern ihre Gruppenstrukturen im Sinne der aufgezeigten Linie. Die große Ergänzung des Auftrags liegt nun besonders in der Zusammenarbeit mit Eltern und Großeltern, um handlungsorientiert die im Kinde liegenden Bedürfnisse aus der gemeinsamen Verantwortung für den Weg des jeweiligen Kindes zur gemeinsamen Aufgabe werden zu lassen.

Damit wird die zweite Seite der Beziehung der Waldorfkindergärten zur Entwicklung des Kindergartens zum Familienzentrum deutlich. Trotz vieler anderslautender Behauptungen besteht die Wirkung dieser Veränderung (auf einer anderen Ebene auch die von der Grundschule zur offenen Ganztagsschule) darin, dass die Erziehungs- und Bildungspotenz und -qualität der Familie geschwächt wird, wird doch den Eltern immer mehr an Verantwortung für die tägliche Lebensgestaltung der Kinder abgenommen. Diese Tendenz ist nicht im Sinne der Kinder. Familie als der primäre Schicksalsort eines Kindes muss gestärkt und nicht perspektivisch ersetzt werden durch Bildungseinrichtungen wie Kindergarten und Schule. Diejenigen, die sich existenziell neben der Familie mit den Kindern verbinden, die Erzieherinnen und Erzieher in den Kindergärten, haben vielleicht am ehesten die Chance, den notwendigen Respekt und die Würdigung der kindlichen Entwicklungs- und Beziehungsbedürfnisse anzumahnen und entwickeln zu helfen.

Hier kommt auf den Kindergarten in Zukunft eine immer größer werdende Aufgabe zu. Neben der zunehmend zu erringenden Kompetenz im bildenden Umgang mit Erwachsenen besteht die Basis in der entsprechend idealistischen und moralischen Haltung der Erzieherinnen und Erzieher. Hier schließt sich der Kreis mit dem Ausgangspunkt der Waldorfpädagogik im frühen Kindesalter: Die entscheidende Grundlage ist die in und aus Freiheit gewollte Selbsterziehung des Erziehers.

4 Zur Praxis des Waldorfkindergartens

4.1 Begegnung statt Programm

Aus den Ausführungen zu Entstehungsgeschichte und entwicklungspsychologischen Hintergründen der Pädagogik des Waldorfkindergartens, insbesondere zum Verständnis der kindlichen Persönlichkeit, lässt sich eine wesentliche Grundaussage für die Praxis ableiten: Waldorfpädagogik kann kein „Programm" sein, sondern lebt ausschließlich von der jeweilig konkreten und einmaligen Beziehung zwischen Kind und Erzieher.

Wenn es das Hauptanliegen in den ersten Lebensjahren ist, das Ich des Kindes in seiner Leiblichkeit zu verankern, ist die entscheidende Qualität des Erziehungsgeschehens die „Begegnung". Insofern können auch keine operationalisierbaren Lernziele genannt werden oder didaktische Elemente, die unverkennbar „Waldorfkindergarten" sind. Gleichwohl gibt es Erfahrungen mit praktischen Ansätzen, die Rahmenbedingungen bieten, in denen bestimmte Qualitäten der Begegnung gut zum Tragen kommen. Der Umkehrschluss, dass diese Rahmenbedingungen die Pädagogik des Waldorfkindergartens ausmachen, stimmt allerdings nicht. Insofern ist der „Ansatz" der Pädagogik des Waldorfkindergartens ständig in Entwicklung und Erprobung begriffen.

Das liegt auch daran, dass Rudolf Steiner – wie bereits beschrieben – sich immer dann besonders zu einzelnen Lebensgebieten geäußert hat, wenn Menschen ihn darum gefragt und gebeten haben. So gibt es für die Jahre der Schulzeit viele methodisch-didaktische Anregungen von Steiner, aber nur wenige, die sich auf die Entwicklung und Erziehung des Kindes vor dem Schuleintritt beziehen.

4.2 Das Kind braucht Sicherheit

Wie bereits in Kapitel 2.4 beschrieben, begegnet das Vorschulkind seiner Umgebung unkritisch, mit Offenheit, größtem Vertrauen, und es ist angewiesen auf die Eindrücke, die es erfährt. Welche Schlüsse für die praktische Gestaltung des Erziehungs- und Bildungsgeschehens lassen sich daraus ziehen?

In dem Maße, in dem das Kind in dieser Haltung Bestätigung durch die Umgebung erfährt, kann es selbst aktiv werden in der Gestaltung seines Lebens, gerade im schöpferischen Spiel, aber auch in der Auf- oder Umbautätigkeit an seinem Leib. Das Kind benötigt für sein eigenes Handeln Sicherheit, die ihm von außen zukommt. Dabei ist nicht an eine bürgerlich-materielle Sicherheit gedacht, sondern zunächst an Erziehungspartner, die verlässlich und zuversichtlich der Zukunft entgegensehen.

Für das Kind sind weniger kausal begründete Meinungen oder Urteile des Erwachsenen über die Welt interessant als vielmehr seine Haltung zur Welt. Diese ist nicht ständig bewusst, sondern lebt „tiefer" in der Seele als die erkennende Seite. So sind zum Beispiel der Gestus der Körperbewegung, die Handschrift, Mimik oder Stilelemente der Sprache in Vokabular, Intonation oder Satzbau unverwechselbar einem Menschen zugehörig, ohne dass dies ständig bewusst würde. Gleichwohl prägt dies die Unverwechselbarkeit des Menschen weitaus mehr als seine Anschauungen. In der Haltung eines Menschen verbirgt sich sehr intim die Wirkung des Ich an seinen Äußerungsmöglichkeiten. Rudolf Steiner nennt diese Grundqualität des Erziehers „Gesinnung".

Wie kann die Umgebung dem Kind Sicherheit bieten? Die **räumliche Umgebung** eines Kindes kann so gestaltet sein, dass sie Ausdruck eines „Lebensgefühls" in dieser Welt ist, oder aber sie kann reduziert sein auf bestimmte Funktionalitäten. Sie kann bestimmt sein von klinisch-pedantischer Ordnung, in ihr kann Chaos walten, aber sie kann auch Ausdruck eines freudigen Lebens sein.

Auch die **Zeit** umgibt uns. Es besteht die Möglichkeit, dass sich der Mensch in ihr verliert, dass er von der Zeitendichte erdrückt wird oder aber, dass er gelassen „in seiner Zeit" steht. Die „Ordnung der Zeit" wird erfahrbar als das sensible und labile Gebilde des Rhythmus, der für die gesunde Entwicklung eines Kindes notwendig ist – viel existenzieller als in jeder anderen Phase des Lebens.

Eine weitere wichtige Ebene, auf der für das Kind Sicherheit entsteht, ist die **seelische Ebene**. Sie ist im weitesten Sinne bestimmt vom Verhältnis des Erziehers zu seiner Umgebung. Entscheidend ist hier die Grundstimmung, mit der der Erwachsene immer wieder auftretenden, unvorhersehbaren Ereignissen begegnet. Das Kind erwartet, dass einmaligen Situationen einmalig begegnet wird. Es möchte, dass aus dem Moment heraus eine Handlungsperspektive entsteht und nicht der Versuch unternommen wird, die Situation vorher angestellten Überlegungen anzupassen. Die Frage ist, ob der Erzieher den Lebensmomenten offen gegenübersteht, sodass durch ihn immer wieder eine Bejahung des Lebens deutlich wird, oder ob er, der Planung entsprechend, das Leben in positive und negative Momente einteilt.

Im Folgenden werden die einzelnen Ebenen und ihre praktische Ausgestaltung im Waldorfkindergarten näher erläutert.

4.3 Die räumliche und materielle Umgebung des Kindes

Zunächst einige Beispiele aus der Praxis, die zeigen, welches Verhältnis Kinder zu ihrer räumlichen Umgebung aufbauen:

Ein Kind kommt zur Erzieherin, um ihr mitzuteilen, dass in dem Regalfach, in dem gewöhnlich die Schälchen mit Wachsblöcken zum Malen liegen, nichts zu finden ist. Als die Erzieherin mit dem Kind gemeinsam zum Regal kommt, stellt sie fest, dass die Schälchen nicht, wie gewohnt, links im Regal, sondern diesmal rechts stehen.

Nicht alle Kinder werden wie in unserem Beispiel reagieren, aber dennoch zeigt sich hier etwas Charakteristisches in Bezug auf das kindliche Verhältnis zu seiner Umgebung: Nicht aus der „kognitiven Distanz" zur Welt, sondern unmittelbar aus seinem Willensimpuls heraus geht das Kind auf seine Aufgaben und Dinge zu. Es erwartet ganz selbstverständlich, dass die Dinge an ihrem Ort sind – „Die Welt ist in Ordnung", so die kindliche Grundstimmung, die Sicherheit verleiht und Bestätigung darstellt für die Berechtigung des unmittelbaren Handelns.

Einige Kinder spielen mit einfachen Holzstücken; mit viel Engagement und Fantasie wird ein Schloss mit Nebengebäuden errichtet. Nach einiger Zeit verlassen sie den Spielort, andere Kinder treffen auf die unordentlich herumliegenden Hölzer. Es entsteht kein neues Spiel, vielmehr werden die Hölzer weggetreten. Die Erzieherin räumt beiläufig die Hölzer wieder in den dafür vorgesehenen Korb. Kurze Zeit später lässt sich beobachten, wie wiederum Kinder kommen und nun fantasievoll ein neues Spiel beginnen.

Das Kind will ständig „aus dem Vollen schöpfen"; dazu benötigt es eine gewisse Grundordnung, um aus ihr heraus in das fantasievolle Spiel eintreten zu können.

E in Kind spielt mit einer „perfekt ausgestatteten" Puppe. Das Spiel orientiert sich in der Hauptsache an den Funktionen, die in die Puppe eingebaut sind. Ein freies, schöpferisches Gestalten mit und um diesen Gegenstand findet nur bedingt statt. Die Puppe ist nur so lange für das Kind interessant, bis die eingebauten Funktionen verinnerlicht sind.

Das Kind benötigt eine materielle Umgebung, die funktionsfrei ist und nicht nötigend wirkt.

Konsequenzen für den Waldorfkindergarten

Welche Aspekte sind – ausgehend von den genannten Beispielen aus der Praxis – wichtig für die materielle und räumliche Ausstattung eines Waldorfkindergartens?

Ordnung
Damit Kinder frei spielen können und unmittelbar in Handlungen kommen, benötigen sie eine verlässliche Umgebung. Die Dinge müssen an ihrem Ort sein, und außerdem müssen sie in Ordnung sein. So erfährt das Kind in seinem unmittelbaren Zugriff auf die Welt die Bestätigung, die es braucht, um sich ganz aus seinem tiefsten Gestaltungswillen auf sein Leben einzulassen. Eine wesentliche Aufgabe der Freispielführung liegt demnach darin, „unbemerkt" immer wieder dafür Sorge zu tragen, dass die Umgebung den Bedürfnissen der Kinder entspricht. Entgegen der üblichen Anschauung, dass Kinder recht früh das Aufräumen erlernen sollten, geht der waldorfpädagogische Blick in die Richtung, dass es Aufgabe des Erziehers ist, den Kindern eine möglichst aufgeräumte Welt zur Verfügung zu stellen, damit sie ihre Impulse leben können. Dass am Ende eines Freispiels im Übergang zu geführten Tätigkeiten die Kinder am Aufräumen beteiligt sind, ist eine andere Situation, die aber ebenfalls mit einem „Lernziel: Aufräumen!" gar nichts zu tun hat, auch nicht subtil zur Einübung dieser Fähigkeit beitragen soll.

Spielmaterialien
Die Materialien, mit denen die Kinder spielen, sollen einen großen Gestaltungsrahmen bieten und den kindlichen Zugriff möglichst wenig bestimmen oder einengen. Diese Bedingung erfüllen Naturmaterialien. So gehören zur

Ausstattung des Waldorfkindergartens Körbe oder Kisten mit Kastanien, Eicheln, Steinen, Zapfen, Obstkernen, Wurzelhölzern, Aststücken, Muscheln etc.; außerdem Tücher in vielen Farben und verschiedener Größe. Häufig findet man hölzerne Spielständer, die vielfältig verwendbare Requisiten darstellen und zum Beispiel in Verbindung mit Einlegebrettern zu Autos, Häusern, Türmen etc. werden. Auch die Tische, Stühle und Bänke stehen für das Freispiel zur Verfügung. Die materielle Umgebung und ihre Nutzungsmöglichkeiten im Waldorfkindergarten berücksichtigen die Geste des Kindes, das seine Welt in Wert setzen und ihr den eigenen Ausdruck verleihen will. Ausgehend vom unmittelbaren, willentlichen Zugriff erfasst das Kind mit seiner aufkommenden Fantasie die Welt und führt sie in eine mithilfe der Vorstellung beschreibbare Form, um diese sofort wieder aufzulösen oder weiterzugestalten. Die jüngeren Kinder verbleiben mehr im gegenwärtigen Augenblick, die älteren Kinder entfalten einen dauernden und sich weiterentwickelnden Gestaltungsbogen.

Puppen

Unterschiedlich ist die Ausstattung der Waldorfkindergärten im Hinblick auf Puppen. So finden sich in einigen Kindergärten Puppen, die wenig ausgestaltet sind und nicht durch ihr Erscheinungsbild eine bestimmte Stimmung, einen bestimmten „Typus" oder eine bestimmte Funktion verkörpern. In anderen Kindergärten entstehen die Puppen täglich immer wieder neu, indem Kinder oder die Erzieherin sie aus mit Rohwolle ausgefüllten und abgebundenen Tüchern gestalten. In beiden Fällen geht es darum, dem Kind einen größtmöglichen Gestaltungsfreiraum zu lassen.

Wandgestaltung

Auch am Beispiel der Wandgestaltung wird der Blickwinkel der Waldorfpädagogik deutlich: In vielen Waldorfkindergärten sind die Wände farbig lasiert. Das bedeutet, dass nacheinander mehrere Farbschichten in sehr zarter Weise übereinander geschichtet sind. Dadurch wirkt die Wand „transparent". Es sind nicht primär ästhetische, sondern sinnespsychologische Überlegungen, die dieser Gestaltungsform zugrunde liegen. Es geht darum, dem Verhältnis „Kind – Wahrgenommene Welt" Rechnung zu tragen.

So ist der Blick auf die farbig lasierte Wand wohltuend. Ähnlich wie zum Beispiel bestimmte Düfte oder Geräusche in der Natur, so entfaltet in diesem Fall das Sehen eine angenehme Wirkung, ohne dass im Inhalt des Wahrgenommenen oder im Urteil „schön" der Grund des Behagens zu suchen ist. Hier geht es vielmehr um die zum Sehvorgang gehörige „Tastbewegung" des Blickes, die bei uniform gestalteten Flächen schroff darauf aufprallt, was zu einem „Aufwachen" führt. Trifft der Blick auf lasierte Flächen oder auch ins Blau des Himmels, entsteht ein sanftes Abtasten und „Hineinsehen". Hier wird keine Distanz zwischen Mensch und Raum geschaffen, sondern der Betrachter fühlt sich durch die eigene „Tastbewegung" im Raum aufgenommen, was zu einer gesteigerten Sicherheit in dieser Umgebung führt. Sicherheit regt wiederum zu einer größeren Eigenaktivität und Unmittelbarkeit an.

Auf diese Fragen einer differenzierenden Betrachtung der Sinneswahrnehmung wird unter dem Aspekt der Medienerziehung im Waldorfkindergarten in Kapitel 4.8 noch näher eingegangen.

4.4 Rhythmische Lebensgestaltung

Sicherlich ist jeder Mensch darauf angewiesen, in seiner für ihn geltenden Zeitgestalt Ordnung zu halten, um dadurch dem eigenen Leben Sicherheit zu geben. Die größte Bedeutung hat dieses Phänomen jedoch in den ersten Lebensjahren. Jede Mutter, jeder Vater weiß, dass Kinder leichter einschlafen, wenn sie täglich etwa zur selben Zeit ins Bett gehen. Eine gewisse Grundordnung im zeitlichen Ablauf gibt den Kindern Sicherheit, sich ganz und spontan auf das einzulassen, was gerade ansteht. Diese Grundordnung ist jedoch kein Ausdruck formaler Pedanterie, nicht vergleichbar dem maschinellen Takt, sondern vergleichbar dem Rhythmus des Herzens: ein lebendiges Schwingen in einem lebendigen Ganzen. So ist es zum Beispiel rhythmisch, wenn das Kind an dem Abend länger aufbleiben darf, an dem die Patentante, die ganz selten zu Besuch kommt, da ist. Rhythmus ist der zeitliche Ausdruck eines Lebens, das bewusst gestaltet ist.

Rhythmus wird für Kinder auch dadurch erlebbar und verleiht Sicherheit, dass es in der Zeitenfolge wiederkehrende Rituale gibt, wie zum Beispiel beim Zu-Bett-Bringen. Auch Rituale beim Essen, wie das gemeinsame Anfangen, gehören zur rhythmischen Gestaltung des Lebens. Auf ähnliche Weise kann aber auch der Zeitraum einer Woche oder eines Jahres als Sicherheit verleihender Rahmen erlebt werden, wenn er „rituell gegliedert" wird.

Es gehört konzeptionell zum Merkmal des Waldorfkindergartens, das Leben der Kinder in solche Rhythmen einzubetten. Denn in diesem tragenden Rahmen kann das Kind sich frei bewegen und sicher und selbstständig sein Leben bzw. sein Spiel gestalten.

Sich in die Welt einbringen – zu sich kommen

Mit dem Wechsel von Tag und Nacht oder Schlafen und Wachen ist eine Bedingung unseres irdischen Daseins gegeben. Aber auch in den Wach- oder Tagzeiten erleben wir im kleineren Rahmen dasselbe Prinzip, nämlich dass der Mensch „polar schwingt" zwischen sehr unterschiedlichen Betroffenheiten seines seelischen Erlebens. So gilt es zunächst einmal, aufmerksam gegenüber den beiden polaren Tagesgesten des Kindes zu sein. Zum einen lebt das Kind in der Geste, sich gestaltend in die Welt einzubringen. Die Geste findet ihren Ausdruck in der unbegrenzten Fähigkeit zu spielen. Das Spiel ist Ausdruck für das verantwortliche Gestalten des Kindes in der Welt. Aber so, wie diese Fähigkeit des Kindes sich nicht grenzenlos ausleben kann, sondern in ihrem Entfaltungsbogen Ruhemomente braucht, so benötigt das Kind neben seinem freien Spiel auch Phasen der Führung, in denen es sich mitvollziehend hingeben kann.

Die Gestaltung eines gesunden Wechsels von Räumen der aktiven Gestaltung – des freien Spiels – und solchen des Geführtwerdens ist das Hauptprinzip der rhythmischen Gestaltung des Tagesgeschehens im Waldorfkindergarten. Freispielphasen wechseln sich ab mit gemeinsamen Tätigkeiten wie Aquarellieren, plastizierendem Kneten, Märchen oder Geschichten hören, Eurythmie, Frühstück oder Mittagessen. Das Spezifische an der Waldorfpädagogik ist in diesem Kontext nicht eine bestimmte Folge von Elementen oder überhaupt die Auswahl bestimmter Elemente des Tagesgeschehens, sondern das „rhythmische Ganze", also die Komposition. Waldorfpädagogik heißt, dem Leben eine Ordnung zu geben, in deren Mitvollzug die Kinder sich als einen wesentlichen Bestandteil eines sinnvollen Ganzen erfahren. Auch wenn diese Erfahrung völlig unbewusst bleibt, eröffnet sie den Kindern die Möglichkeit, ein erfüllendes Selbstbewusstsein erringen zu können.

Der Reigen
Der Reigen und seine Funktion im „rhythmischen Ganzen" des Kindergartenalltags machen deutlich, was es im Sinne der Waldorfpädagogik bedeutet, dem Leben eine Ordnung zu geben. Als volkstümliche Freude an traditionellen, regionsgebundenen oder aber auch übergreifenderen Sing- und Sprechbewegungsspielen und -tänzen hat der Reigen eine lange Geschichte. Im Waldorfkindergarten geht es aber nicht darum, altes Brauchtum zu tradieren. Im Reigen haben wir vielmehr ein Element, in dem sich die gesamte rhythmische Bewegung des „Aus- und Einatmens", des „Sich-Ballens und Ausdehnens" konzentriert. Bewegungen, die den ganzen Umraum ausfüllen – Bewegungen, die zum konzentrierten Fingerspitzengefühl führen; schnelle Bewegun-

gen – langsam geführte Bewegungen; in Bewegung sein – in den Moment der ruhenden Gestaltung kommen; Sprache – Musik: Im Reigen ist das polare Erleben am allergrößten.

Der Reigen ist gewissermaßen auf kleinstem Felde das, was der Tagesrhythmus insgesamt ist – ein Schwingen zwischen den gegensätzlichen Gesten. Wenn das Schwingen zwischen Tag und Nacht, zwischen Schlafen und Wachen die Grundlage dafür ist, dass der Mensch zu seinem Bewusstsein und zu seinem Selbstbewusstsein kommt, dann bildet der Reigen gewissermaßen die künstlerische Steigerung des ganzen Geschehens. Das Kind wird durch die polare Gestaltung der Gesten und deren motorischen Mitvollzug zu höchster Aufmerksamkeit, also zu Bewusstsein geführt und erlebt sich tätig in differenziertester Aktivität. Gebunden an die Bewegung ist das Kind sich am deutlichsten seiner selbst bewusst, das heißt, im Reigen wird das Kind zu sich selbst geführt, auch wenn der Prozess unbewusst bleibt. Der Reigen steht also dem Freispiel konträr gegenüber: Während sich das Kind im Freispiel ganz der Welt hingibt, kommt es im Reigen zu sich, ist mit seinem ganzen Wesen, seinem Ich am tiefsten in seiner Leiblichkeit verankert, am stärksten inkarniert.

Die Gestaltung von Woche und Jahr

Ein anderer Rhythmus, der dem Kind Sicherheit verleiht und es von daher unbewusst unterstützt, in seine Welt des Spiels zu kommen, ist der der Woche. Dadurch dass einzelne Tage im Kindergartenalltag jeweils Besonderheiten aufweisen, erlebt das Kind die Ordnung dieses Zeitraums und verleibt sie sich ein. Die Kinder „wissen", dass an einem bestimmten Tag im Kindergarten zum Beispiel Eurythmie, Aquarellieren, Brotbacken oder Müsli zum Frühstück ansteht. Dieses „Wissen" rührt aus dem Darinnen-Stehen in dem Ganzen, nicht aus der verinnerlichten Kenntnis einer Folge. Während die Zeit in ihrer Vergangenheits-, Gegenwarts- und Zukunftsdimension noch ein sprachlich und gedanklich nicht beherrschtes Mysterium darstellt, erlebt das Kind bereits die Ordnung in der Zeit und kann gegebenenfalls auch verbalisieren, wenn es sie als gestört erlebt.

Die vielen wiederkehrenden Jahresfeste geben dem Jahr ihre zeitliche Ordnung, und es ist immer wieder erstaunlich zu beobachten, wie tief die Kinder das Gefühl für diese großen Rhythmen verinnerlicht haben und erwartungsvoll auf ein Fest zuleben, obwohl noch keine Vorbereitungen dafür begonnen haben. Jenseits des begrifflichen Verstehens der Zeitenfolge ist diese tiefere Dimension des Zeiterlebens entscheidend für das Sicherheitsgefühl des Kindes und damit für die Intensität, sich im Spiel auf die Welt einzulassen.

Rhythmus und innere Erwartungshaltung

Das Hineingestellt-Sein in rhythmisch-zeitliche Ordnungen kennt aber noch eine völlig andere Ebene. Rhythmus ist die Wiederholung von Gleichem, nicht die Wiederholung desselben. Das Wesentliche bleibt kontinuierlich, aber das jeweilige Erscheinungsbild ändert sich. Das Kind weiß demnach, was auf es zukommt, aber das Detail ist jedes Mal neu. Sicherheit aus dem Wesentlichen heraus und Offenheit für das Einmalige kommen zusammen.

Das, was dem als seelische Geste entspricht, ist die innere Haltung der Erwartung: Erwartung als die innere Zuversicht, dass aus der Zukunft das Leben und das sichere Lebensgrundgefühl bestätigende Entwicklungen kommen. Aber diese Erwartung bleibt frei und wird nicht zur moralischen oder gar moralisierenden Forderungshaltung. In diesem Sinne ist Erwartung die basale soziale Kompetenz.

Soziale Fähigkeiten zeigen sich am grundlegendsten darin, dass der Mensch nicht aufgrund von vergangenen Erfahrungen auf einen anderen Menschen zugeht, sondern dem anderen Entwicklungsmöglichkeiten zuspricht, die aus der Zukunft in die Gegenwart wirken. Eine solche Haltung setzt eine gewisse innere Lebenssicherheit und ein Vertrauen in den Lauf des Lebens voraus, gleichzeitig aber eine bedingungslose Offenheit für das, was sich gerade entfalten will. Insofern kann das Erleben tragender Rhythmen zur Grundlegung sozialer Fähigkeiten führen, ohne dass die Entfaltung dieser Fähigkeiten beabsichtigt ist.

4.5 Praktische Tätigkeiten im Waldorfkindergarten

Das Konzept des Waldorfkindergartens geht davon aus, dass das Kind nicht durch direkt gerichtete, zielorientierte Prozesse lernt. Vielmehr geht es darum, das Leben des Kindergartens so zu gestalten, dass das Kind durch die Teilhabe an diesem Leben lernt. Lernen ist also ein indirekter Vorgang. Entscheidend ist dann aber die Frage, welche Tätigkeiten das Leben ausmachen. Wo liegen die Motivationen für bestimmte Tätigkeiten?

Wenn die Lebensqualität das entscheidende Kriterium für die Lernqualität des Kindes ist, müssen die im Kindergarten stattfindenden praktischen Tätigkeiten unmittelbar dem Leben dienlich sein. Das sind zunächst all die Tätigkeiten, die buchstäblich den Lebensraum betreffen. Hierzu gehört die Aufgabe, den Raum, das Mobiliar und die Materialien zu pflegen und zu reinigen und in Ordnung zu halten – nicht, damit das Kind „etwas" lernt, sondern weil das Leben es sachlich begründet verlangt. Selbstverständlich gibt es Reinigungsarbeiten, die außerhalb der Betreuungszeit der Kinder verrichtet werden, das aber ändert nichts an dieser Grundanschauung. Worin liegt das bildende Element in solchen elementaren Tätigkeiten? Zum einen sind die unmittelbar an den Lebensaufgaben orientierten elementaren Tätigkeiten von größtmöglicher Transparenz. Der Vorgang als solcher kann sich ganz in die sinnliche Erscheinungsform ergießen und verschwindet nicht in einer „Black box", die sich nur der kenntnisreichen Vorstellung abstrakt erschließt. Um das genauer zu erläutern: Die sinnliche Handlung, zum Beispiel mit einem Fingerdruck einen Lichtschalter zu betätigen, und der dann einsetzende Effekt, dass nämlich in einer Entfernung von einigen Metern das Licht angeht, stehen in keinem transparenten Zusammenhang. Das Kind braucht jedoch Erlebnisse, bei denen ein „sinnlich-logischer" Zusammenhang herzustellen ist, Erlebnisse, die die sogenannte „Tatsachenlogik" offenbaren. Elementare Arbeiten bieten dazu in besonderer Weise die Möglichkeit. So ist das Fegen eines Raumes ein sehr anschauliches Beispiel für einen solch transparenten Zusammenhang. Die sinnlich beobachtbare Handlung selbst und der Effekt bilden einen unmittelbar wahrzunehmenden Einklang. In der Tätigkeit des Mitvollzugs erschließt sich dem Kind der Zusammenhang. Das heißt, dass die Tätigkeit selbst zum Mitvollzug einlädt. Es müssen keine Erklärungen und Begründungen geliefert werden, sondern das Kind entscheidet aus dem inneren Mitvollzug selbst, inwieweit es an der Arbeit teilnehmen will oder nicht.

Damit ist ein weiteres Kriterium der Konzeption des Waldorfkindergartens angesprochen. Die Tätigkeiten, die anstehen, um den Haushalt Kindergarten zu führen, sind Aufgaben der Erwachsenen. Die Kinder können, wenn sie wollen, an ihnen teilhaben. Alle Kinder nehmen Anteil, wenn die Tätigkeit so gestaltet ist, dass sie die Kinder anspricht und erreicht. Dies ist besonders eine Frage der bereits beschriebenen Tatsachenlogik. Ob die Kinder diese Tätigkeit dann als den, natürlich für sie unbewussten, Untergrund nehmen, den sie benötigen, um in ihr eigenes freies Spiel einzutreten, oder ob sie für eine bestimmte Zeit an den Arbeiten praktisch teilhaben, entscheiden sie selbst. Didaktisch-psychologisch gesprochen, sind die Kinder in ihrem Willen angesprochen. Es entsteht so nicht die künstliche Atmosphäre der „Beschäftigung", also einer aus rational begründeten Lernzwecken entwickelten Tätigkeit, sondern das Leben selbst steht zur Verfügung und lässt die Kinder frei.

Letztlich kann durch alle hauswirtschaftlichen Tätigkeiten diese elementare Ordnung der Tatsachenlogik geschaffen werden. Insofern ist die Führung des Kindergartens bzw. der Kindergartengruppe als einen Haushalt eine günstige Voraussetzung. Der gewöhnliche familiäre Haushalt bietet hier aus Sicht der Kinder schon zu viele Einschränkungen, da immer mehr technische Geräte menschliche Arbeitsprozesse ersetzen oder unterstützen. Dies entspricht dem Zeiteinteilungsbedürfnis des Erwachsenen, geht aber vorbei an den Bedürfnissen der Kinder. Insofern hat der Kindergarten die Chance, den kindlichen Bedürfnissen gerecht zu werden und elementare Abläufe und Zusammenhänge zu gestalten.

Solche hauswirtschaftlichen Zusammenhänge stellen neben den raumpflegerischen Arbeiten zum Beispiel die raumgestalterischen Aufgaben dar, wenn es zum Beispiel um die Schmückung im Zusammenhang mit Festen geht. Auch hier gilt der Ansatz, dass nicht irgendwelche Basteleien oder Malereien als Übung und zur Beschäftigung themengebunden an das Festereignis erfolgen, sondern der Erwachsene als der für den Haushalt Verantwortliche die Räume schmückt und die Kinder in diese Tätigkeit mit einsteigen – oder auch nicht. Wenn dann Ideen der Kinder kommen, das eine oder andere in einer bestimmten Weise zu tun, wird das selbstverständlich beachtet. Wenn Kinder Aufgaben in diesem Zusammenhang übernehmen, ist es wichtig, die Entwicklungssituation des jeweiligen Kindes zu beachten, sodass es auch weitgehend selbstständig handeln kann.

Sehr anschauliche Tätigkeiten, die das Leben der Gemeinschaft im Waldorfkindergarten bereichern, sind zum Beispiel das Spinnen, Färben oder Filzen. Ein großes und täglich aktuelles Feld der hauswirtschaftlichen Arbeiten ist die Zubereitung der Mahlzeiten. Dass gerade von dieser elementarsten Grunddaseinsfunktion – Zubereitung des täglichen Nahrungsbedarfs – eine besondere Wirkung der „Beziehung zum Leben" ausgeht, liegt zum einen im Grad der Bedeutung dieser Arbeit für das Leben eines jeden Menschen, zum anderen darin, dass hier vielschichtige Sinneseindrücke gegeben sind. Zu den regelmäßig wiederkehrenden Tätigkeiten gehören ebenfalls Arbeiten, die im Jahreslauf begründet sind, zum Beispiel das Dreschen des Getreides, das Mahlen des Korns, das Einkochen von Obst.

Neben den hauswirtschaftlichen sind besonders die handwerklichen und handarbeitlichen Tätigkeiten von Bedeutung, wie zum Beispiel Reparaturarbeiten am Mobiliar oder an Spielständern oder auch Näh-und Flickarbeiten, die Herstellung von Puppen, Puppenkleidung, kleinen Geschenken, Festutensilien etc.

Selbstverständlich können die Kinder im Freispiel ihre eigenen Arbeiten anfertigen, so zum Beispiel etwas nähen oder Holzwerkarbeiten an der Werkbank verrichten. Hier gilt es, einen altersentsprechenden, sachgerechten Umgang mit den Materialien und Werkzeugen zu beachten. Das Kind und seine Wünsche wollen ernst genommen werden, damit es sich in seinen Intentionen wahrgenommen fühlt, gleichzeitig aber auch die Welt mit ihren Gesetzen erkennbar wird.

Ein weiteres Feld für praktische Tätigkeiten ist der Garten. Auch hier gilt das Prinzip, dass in dem Maße, in dem die Erzieher sinnvoll und durchschaubar tätig sind, Kinder zum kreativen Spiel finden oder aber auch in gestalterische Aktivitäten mit einbezogen werden können. Natürlich stehen Gartenarbeiten hier an erster Stelle, sodass das Kind auch die kultivierte und kultivierende Begleitung des Vegetationsprozesses miterleben kann.

4.6 Künstlerische Aktivitäten im Waldorfkindergarten

Die künstlerischen Aktivitäten im Waldorfkindergarten benötigen etwas andere Rahmenbedingungen als die praktischen Arbeiten: Sie verlangen eine direktere Gestaltung in Bezug auf die kindlichen Bedürfnisse.

Zeichnen

Das, was alle Kinder dieser Welt spontan tun, wenn sie die entsprechenden äußeren Möglichkeiten dazu haben, ist zu zeichnen. Forschungen über Kinderzeichnungen aus aller Welt zeigen, dass Kinder in bestimmten Entwicklungsmomenten dieselben Motive zeichnen. So ist zum Beispiel nach der Phase, in der das Zeichnen und Malen nur als Bewegung erfolgen, der Kreis das erste Bild eines jeden Kindes, dem kurz danach der mit Mittelpunkt ausgezeichnete Kreis folgt. Wenn Kinder die entsprechende Muße und die äußeren einladenden Bedingungen haben, malen sie das, was an intimen Entwicklungsprozessen in ihnen vorgeht. Zum einen ist die Kinderzeichnung damit in den ersten Lebensjahren ein wesentliches Instrumentarium für das Kind, ein Verhältnis zu seiner eigenen Entwicklungssituation herzustellen, zum anderen ist die Kinderzeichnung eine Offenbarung der kindlichen Entwicklung für den dem Kind verbundenen Erwachsenen (vgl. Strauss 2007). Bedingung für eine in diesem Sinne aussagewirksame Kinderzeichnung ist natürlich die Möglichkeit, in aller Ruhe und vor allem ohne jedwede inhaltliche Vorgabe oder zwischenzeitliche Besprechung oder gar Korrektur zeichnen zu können.

Diese Möglichkeit ist den Kindern im Waldorfkindergarten gegeben. In aller Regel gibt es während des Freispiels einen Maltisch, an dem die Kinder dann, wenn sie es wollen, zeichnen können. Der kindlichen Motorik entsprechend, handelt es sich bei den Malstiften um Wachsblöckchen.

Die Bilder werden nicht mit den Kindern besprochen oder aufgehängt, sondern als Einblick verstanden, den das Kind in seinen aktuellen Entwicklungsstand gewährt. Für das Kind ist der Prozess des Zeichnens, nicht das Bild als Ergebnis interessant. Die Bilder werden gesammelt; sie kommen dann in Konferenzen, in denen das Kind im Mittelpunkt einer Besprechung der Pädagogen und manchmal auch der Eltern steht, zum Einsatz. Ansonsten werden die Bilder der Kinder am Ende eines Jahres oder am Ende der Kindergartenzeit den Eltern übergeben.

Aquarellmalen

Für das Aquarellmalen sind andere Vorbereitungen als für das Zeichnen notwendig. Die Kinder können diese künstlerische Tätigkeit nicht ohne entsprechende Hilfe ausführen. In der Regel findet an einem Tag in der Woche das Aquarellmalen statt – manchmal so in das Freispielgeschehen integriert, dass immer einzelne Kinder in kleinen Gruppen malen können, oder aber zu einer anderen Zeit, in der dann die ganze Gruppe malt. Gemalt wird in der Nass-in-nass-Technik, das heißt mit Wasserfarben auf feucht aufgezogenem Aquarellpapier. Die aufgetragenen Farben beginnen sofort zu verlaufen, sodass keine feste Form erhalten bleibt, sondern das Bildgeschehen in einem ständigen Prozess ist. Der Akteur oder Betrachter kommt so kaum in die Situation, aus der fixen Vorstellung heraus in den Malprozess zu treten oder das Gewordene als vorstellungshaft feste Ausgangslage für den nächsten Schritt zu nehmen.

Im Vordergrund steht die Farbe, die sich fließend auf das Papier begibt, eventuell mit anderen Farben vereinigt und neue Farbklänge schafft. Meistens stehen die drei Grundfarben Rot, Blau und Gelb zur Verfügung, sodass das ganze Spektrum des Farbkreises entstehen kann. Wenn man die Kinder beobachtet, fällt sofort auf, dass sie sich sehr schnell wie „träumend" dem Prozess des Malens hingeben und in das Wesen der Farbe eintauchen. Für diesen Vorgang ist es natürlich auch von Bedeutung, dass die Farben von entsprechender Qualität sind. Neben Mineralfarben werden in einigen Waldorfkindergärten Pflanzenfarben verwendet, die erst entsprechend zubereitet werden müssen. Pflanzenfarben sind wesentlich zarter und treten ätherischer in Erscheinung. Der Maler oder Betrachter wird vorsichtiger mit in den Prozess der Farbentstehung genommen und muss noch mehr zur Ruhe kommen, um „einzusteigen".

Das Aquarellieren ist ein schönes Beispiel für den psychologischen Vorgang, der im Zusammenhang mit der Sinnespflege und Medienerziehung in Kapitel 4.8 noch genauer beschrieben wird: Indem das Kind ganz intim und intensiv in die Welt eintaucht, hier in die entstehenden Farbklänge, hat es gleichzeitig ein tiefes Bewusstsein seiner selbst, das heißt, es kommt ganz zu sich. Dies drückt sich gewöhnlich darin aus, dass das Kind nach dem Malen tief befriedigt, zufrieden und in sich ruhend wirkt.

Musik

Selbstverständlich gehört das musikalische Element zum Leben des Waldorfkindergartens. Wie in jedem Kindergarten und sicherlich in jedem Zusammenhang mit kleinen Kindern ist das Singen eine selbstverständliche und
erhebliche Bereicherung. Der täglich stattfindende Reigen beinhaltet viele
Lieder, bestimmte Momente des Tages werden rituell mit Liedern begleitet,
während der Arbeit singt der Erwachsene vielleicht Lieder. Im Vergleich zur
gesprochenen Sprache hat das gesungene Lied die Eigenschaft, den Menschen seelisch zu weiten und in eine etwas „abgehobenere" Stimmung zu
versetzen, die immer die Tendenz des Leichten und Heiteren besitzt.

Diese Stimmung entsteht besonders dann, wenn die Musik so beschaf-
fen ist, dass der Mensch nicht über das Grundtonerlebnis „auf den Boden
der Tatsachen zurückgeführt" wird, sondern durch Lieder, die dem pentato-
nischen Tonraum entspringen und das Kind in eine vom Intervall Quinte
getragene Stimmung führen. Daneben gehören natürlich die traditionellen
Volks- und Kinderlieder zum Repertoire eines Waldorfkindergartens.

Besonders die Kinderharfe ist ein im Waldorfkindergarten gerne einge-
setztes Instrument. Ihr zarter Klang entsteht dadurch, dass der Ton gewissermaßen in einer Schale erzeugt wird. Die pentatonische Stimmung und die
Klangqualität führen dazu, dass diese Musik völlig unaufdringlich die Aufmerksamkeit der Zuhörer erreicht und so zu einer aktiven Ruhe führt. Die
pentatonische Skala hat den Vorteil, dass jede Melodie harmonisch klingt
und offen für eine Fortsetzung bleibt. So können die Kinder das Instrument
zum Beispiel auch im Rahmen des Märchenerzählens oder eines Tischpup-
penspiels einsetzen. In einigen Waldorfkindergärten musizieren die Kinder
im letzten Kindergartenjahr einmal in der Woche gemeinsam mit Kinderhar-
fen.

Eurythmie

Die Eurythmie ist ein Spezifikum des Waldorfkindergartens bzw. der Waldorfpädagogik. Sie ist eine von Rudolf Steiner in Zusammenarbeit mit anderen entwickelte Bewegungskunst, die in ihrem Ursprung rein künstlerischer
Natur ist, dann aber in die Waldorfschule und das Leben des Waldorfkindergartens mit einbezogen wurde. Eurythmie ist sichtbar gemachte Sprache
oder sichtbar gemachter Gesang. Es geht nicht um die Interpretation von
Sprache oder Musik, sondern um die individuell kunstvoll dargestellte
Objektivität von Sprache und Musik als Gebärde. Steiner beschreibt, dass
die eurythmische Geste die objektiven Bewegungen des Kehlkopfes beim

Sprechen bzw. auch beim Hören von Sprache in eine ganzheitliche Körperbewegung bringt.

Eurythmisten haben ein vier- bis fünfjähriges spezielles Studium absolviert und kommen in aller Regel einmal in der Woche in den Kindergarten, um etwa eine halbe Stunde mit der Gruppe Eurythmie zu betreiben. Diese Zeit ist dann eine „Sequenz", ähnlich wie der Reigen, der meistens dann an diesem Tag nicht stattfindet. Kleine Spiele lassen die Kinder nachahmend mit der Eurythmistin (in der Mehrzahl sind Frauen in diesem künstlerischen Fach tätig) in Bewegung kommen. Gerade in einer Zeit und Lebensphase, in der der Mensch ganz aus dem Bewegungselement lebt, erreicht die eurythmische Bewegung die Kinder besonders intensiv. Der heute hinlänglich bekannte Zusammenhang zwischen Bewegung und Sprachentwicklung lässt die Eurythmie in einem besonderen Licht erscheinen. Den durch sehr frühen Konsum elektronischer Medienprodukte zunehmend auftretenden Sprachstörungen begegnet die Eurythmie als Bewegungsform, die gleichzeitig therapeutischen Charakter hat. Unabhängig davon gibt es eine im engeren Sinne des Wortes therapeutische Form dieser Bewegungskunst, die sogenannte Heileurythmie, die fester Bestandteil heilpädagogischer oder integrativer Waldorfkindergärten ist.

Schauspiel

Im täglich stattfindenden **Reigen** lebt vordergründig das Element des Schauspiels. Das Kind schlüpft in verschiedene Rollen, wenn es sich gedrungen wie ein Zwerg, tollpatschig wie der Riese, langsam wie die Schnecke oder hurtig wie das Häschen bewegt. Dieses Hineinschlüpfen erfolgt unbewusst und geschieht ganz im motorischen Mitvollzug, indem der Erzieher in diesen sich wandelnden Gesten in Verbindung zu entsprechenden Sprachformulierungen lebt und die Kinder „mitnimmt". Das Kind füllt somit keine Rolle aus, sondern steigt in die seelisch vorbereitete Geste des Erziehers ein. Der Vorgang findet durch die die Identität wahrende Geste der Nachahmung statt. Es geht nicht darum, in eine fremde, im Seelenleben geborene „Rolle" einzutauchen. „Rollenspiele" im engen Wortsinn sind im Kontext der entwicklungspsychologischen Betrachtung des Kindes aus der Warte der Waldorfpädagogik keine Aufgabe und kein Anliegen des Kindes für die Zeit vor dem Schuleintritt. Dies ist besonders klar zu beobachten, wenn zum Beispiel im Waldorfkindergarten, wie es in christlichen Kulturräumen üblich ist, ein Weihnachts- oder Hirtenspiel gespielt wird. Wenn auch einzelne Kinder verschiedene Rollen – täglich wechselnd – einnehmen, ist es doch so, dass jedes Kind – egal in welcher Rolle – in der jeweiligen Aktion mittendrin ist.

Dieses psychologisch interessante Phänomen lässt sich in abgewandelter Form auch sehr schön bei der Feier eines Kindergeburtstages beobachten. Wenn ein einzelnes Kind im Mittelpunkt steht, weil es an diesem Tag Geburtstag hat, ist dies nicht nur ein Ereignis für dieses Kind, sondern für jedes Kind der Gruppe. Das Erlebnis, dass eine Individualität besonders gewürdigt wird, wird in diesem Alter noch so verstanden, dass jedes Kind diese Beziehung mitvollzieht und innerlich Freude an der Beachtung des Individuellen hat.

Im **freien Spiel** taucht das Kind gleichermaßen in verschiedene Rollen ein. Erlebte Erfahrungen werden aufgegriffen und im Schauspiel nach außen gesetzt. Der Begriff „Schau-Spiel" ist passend: Das Kind hat „geschaut", wahrgenommen, die Erfahrung verinnerlicht und setzt sie nun im Spiel „schauspielerisch" nach außen und individualisiert sie. Aus dem Augenblick heraus wird an das Erlebte angeknüpft, gleichzeitig aber etwas Eigenes und Einmaliges geboren. Dieser Prozess ist nur möglich, wenn das Kind keinen Auftrag, keine Regieanweisung von außen erhält, sondern ganz das lebt, was momentan seiner Fantasie entspringt. Eine andere interessante Beobachtung ist die, dass Kindern immer dann, wenn sie Rollen, Inhalte und Erfahrungen aufgrund von Medienkonsum spielen, der Freiraum der Gestaltung fehlt und das Spiel einem inneren Kopierzwang des Erlebten unterliegt.

Plastisches Gestalten

Wie gerne Kinder räumlich mit amorphen Materialien gestalten, zeigt das kindliche Grundbedürfnis, mit Lehm, Erde etc. tätig umgehen zu wollen. Gerade wenn die Gestaltungsmöglichkeit technisch besonders gut anwendbar ist, zum Beispiel mit Erde („Dreck") in einer Regenpfütze zu plastizieren, sind Kinder in ihrem Element. Neben den originären Möglichkeiten dieser Tätigkeit im Garten, zum Beispiel im Sandkasten, stehen Kindern im Waldorfkindergarten dafür auch in der Regel Knetwachs und zum Beispiel Wolle zur Verfügung. Einzelne Kinder können sich im Freispiel mit der ganzen Gruppe auf diese Weise zu bestimmten Zeiten betätigen.

Auch beim plastischen Gestalten kommt es nicht darauf an, dass das Kind eine Vorstellung, die es selbst hat oder die ihm vermittelt wird, nun praktisch umsetzen soll. Wichtig ist vielmehr, dass das Tun selbst erfüllenden Charakter besitzt und über vielfältige sinnliche Ansprache für sich selbst spricht. Daher ist das Material ganz wichtig: Im Waldorfkindergarten wird gerne Knetwachs verwendet, das auf der Basis von Bienenwachs hergestellt ist. Dieses Wachs ist im kalten Zustand starr und unbeweglich, durch die Bewegung in der Hand wird es zu einer immer gestaltbareren Masse. Die

Hände werden beim Kneten angenehm warm, und das Wachs verströmt einen zarten, angenehmen Geruch. Es lässt sich durch leiseste Berührung und Druck formen, sodass das Kind ganz schnell in den Vorgang der eigenen Gestaltung kommt, der dann zwischendurch – wie beim Aquarellieren – zu Vorstellungsbildungen führt, die aber im nächsten Augenblick durch das Faktische der Tat und der entstandenen Form gewandelt werden können.

Ähnlich lebendig bleibt die Vorstellung in Verbindung mit der unmittelbaren Handhabung der sogenannten „Märchenwolle". Farbige ungesponnene Wolle kann zu Bildern zusammengelegt werden. Damit die Wolle auf Stoff oder Filzunterlagen gut haftet, muss sie sehr zart und fein gezupft werden, was feinstes Fingerspitzengefühl verlangt. Je dünner und zarter die Schichten sind, die aufgelegt werden, umso transparenter und differenzierter wird das Bild. Die Tätigkeit selbst ist wohltuend – sowohl für die tastende Berührung mit der Hand als auch für das Auge.

Erzählen

Nicht nur Kinder, sondern auch Erwachsene genießen es, schöner Sprache zu lauschen – dies umso mehr, wenn auch die Inhalte, die erzählt werden, einen die Seele des Zuhörers aufbauenden Charakter haben und guttun. So gehört zum täglichen Geschehen im Waldorfkindergarten, dass die Kinder und Erzieher zum Erzählen bzw. Lauschen zusammenkommen.

Wenn für kleine Kinder der Gegenwartsbezug das Entscheidende ist, dann liegt natürlich in der unmittelbaren Begegnung zwischen dem Erwachsenen und dem Kind bzw. den Kindern die eigentliche Qualität des Erzählens. Und Begegnung kann im „Erzähl- oder Märchenkreis" natürlich nur entstehen, wenn der Erwachsene sich an dem Erzählstoff freuen und „entzünden" kann, sodass die Kinder ihm nachahmend folgen können.

Für die Kinder ist die Wirkung der artikulierten Sprache der unmittelbarste Bezug. Von daher sind **rhythmische Geschichten,** die stark von der Kraft der Wiederholung und Sprachbewegung leben, besonders ansprechend.

Der andere große Erzählstoff sind einfache **Volksmärchen.** Die Sprache der Volksmärchen, zum Beispiel die der Gebrüder Grimm, besitzt Klarheit, Lebendigkeit und Beweglichkeit, die in ökonomischer Weise den Prozess der Erschaffung innerer Bilder ermöglicht. Volksmärchen sind Bilder von menschlichen oder menschheitlichen Entwicklungsprozessen, die in lebensbejahender und optimistischer Weise die Möglichkeiten des Menschen aufzeigen. So erscheint zum Beispiel der ganzheitliche innermenschliche Entwicklungsaspekt auf dem Weg zur inneren Freiheit in den verschiedenen Aufgaben, Prüfungen und Hindernissen, die die Märchengestalten zu bewältigen haben.

Somit sind auch hinderliche Gestalten, die im Märchen überwunden werden müssen, keine Personen, denen Grausamkeiten widerfahren, sondern deren Überwindung höchst menschlich-moralische Entwicklungen darstellen (vgl. Geiger 1982).

Wesentlich für das Kind ist es, dass der Erzieher während des Erzählens den inneren menschlichen Entwicklungsprozess in sich entstehen lässt. Dies setzt voraus, dass er sich souverän in der Sprache des Märchens bewegen kann. Aus diesem Grund werden im Waldorfkindergarten meist alle Erzählungen frei gestaltet und die Texte vorher auswendig gelernt. So ist der Erzieher frei für die unmittelbare Begegnung mit den Kindern und den angesprochenen Bildschaffungsprozess. Es wird deutlich, dass es sich bei diesem Vorgang um die Beteiligung an einem innerlich aufbauenden Prozess handelt, nicht um die Vermittlung von Informationen. So steigert sich dieser Prozess noch dadurch, dass dasselbe Märchen oder dieselbe rhythmische Geschichte oder gegebenenfalls dasselbe Tischpuppenspiel über einen Zeitraum von zwei bis drei Wochen täglich neu erzählt oder gespielt wird. Dieser Vorgang ist vielleicht vergleichbar mit dem Erlebnis eines Konzertes oder eines Bildes, die immer wieder neu innerlich beleben, obwohl die Inhalte bereits „alte Bekannte" sind.

Wie viel Kindern das Erzählen bedeutet, sieht man daran, dass sie beim Spielen im Kindergarten oder auch zuhause immer wieder mit Hingabe ihren Puppen oder Tieren die Geschichten erzählen, die sie kennen. Dabei fällt dann auf, wie sie ganz versunken in die Sprachbewegung einschwingen und wie tief die dynamische Seite der Sprache sitzt. In diesen Momenten wird besonders deutlich, welche sprachbildende und sprachfördernde Kraft in der künstlerischen Qualität des Erzählens liegt, also in der Sphäre, in der die Sprache unmittelbar wirkt und nicht für begriffliche und kognitive Ziele instrumentalisiert wird. Gleichzeitig sind Sprachkompetenz und -performanz eine sichere Grundlage für die Entfaltung differenzierter Denkfähigkeiten.

4.7 Medienerziehung im Waldorfkindergarten

Mit dem Vordringen verschiedener elektronischer, audio-visueller Medien in nahezu jeden Haushalt und durch den sich täglich steigernden Zugriff auf das weltweite Informationsrepertoire des Internet wird selbstverständlich die Frage nach der Beteiligung der Kinder an diesen Informations- und Kommunikationsmöglichkeiten zu einer wesentlichen Frage der Erziehung und Bildung auch im Vorschulalter. Wie schon erwähnt, erfolgt der Zugang der Waldorfpädagogik zu erziehungs-, bildungs- und gestaltungsrelevanten Fragen immer aus Sicht des Kindes auf die anstehende Aufgabe. Daher ist auch im Folgenden der Blick auf die Wirkung des elektronischen Medienkonsums ausgerichtet auf die kindliche Art, Beziehung zu Erfahrungen und Wahrnehmungsinhalten zu knüpfen. Gleichzeitig beinhaltet diese Betrachtung einen kleinen Einblick in die anthroposophische Sinneslehre Rudolf Steiners.

Bildschirm und Lautsprecher erzeugen die Vorstellung, dass der Zuschauer oder Zuhörer der Sinneswirklichkeit entsprechende Bilder oder Klänge – nun über ein elektronisches Medium vermittelt – wahrnimmt und so an einem Abbild der Wirklichkeit teilhat. Insofern ist auf der inhaltlichen Seite, die uns durch unser Vorstellungswesen zugänglich ist, zunächst keine bemerkenswerte Besonderheit der Medienwirkung zu konstatieren. „Live"-Sinneseindrücke und Bildschirm- oder Lautsprechereindrücke lösen in uns entsprechende Vorstellungsbildungen aus.

Anders sieht der Vorgang aus, wenn wir die Grundlage des Sinneseindrucks anschauen, der bei dem Zuschauer oder Zuhörer die Vorstellungsbildung anregt. Sind es – naiv und einfach formuliert – in dem einen Fall zum Beispiel wirkliche Instrumente, auf denen Musiker kunstvoll Töne hervorbringen, ist es auf der anderen, „medialen" Seite nur das Vibrieren einer Membran, egal ob es sich um die Wiedergabe eines Meisterkonzertes oder aber um das Scheppern einer Blechdose handelt.

Beim Schwarz-Weiß-Bildschirm ist die der Wahrnehmung dienende Bildgrundlage immer nur ein Lichtpunkt, der mit unterschiedlicher Intensität in rasender Geschwindigkeit im Zeilensprung über den Monitor läuft. Die eigentliche Sinneswahrnehmungsgrundlage des Bildes, die zu der Vorstellungsbildung des Betrachters führt, ist also letztlich nicht gegeben: „Das Bild, das wir zu sehen glauben, entpuppt sich als Bild-Phantom, das nur im inneren Erleben sich einstellt, nicht aber außer uns existiert. Da das Phantom jedoch von außen erzeugt wird, kann niemand es von echten Sinneseindrücken unterscheiden. Selbst wenn man von der Täuschung weiß, ist man gegen sie machtlos" (Patzlaff 1985, S. 58).

Die Täuschung bezieht sich allerdings ausschließlich auf unser Bewusstsein, nicht auf die physiologischen Vorgänge. So zeigt nämlich die Art des Blickes des Bildschirmbetrachters, dass jener wohl „weiß", dass auf der Mattscheibe außer einem Lichtpunkt nichts ist, denn die akkommodierenden Ziliarmuskeln reduzieren ihre sehr rege Tätigkeit. Vor allem unterbleibt das willentlich herbeigeführte Kreuzen der Augachsen, und der Blick verliert sich stierend, tagträumend, mit offenen Augen schlafend, in der Parallelität der Augachsen.

Neurophysiologisch sichtbar wird die Konfrontation des Menschen mit den besonderen Sinneseindrücken der Medienwelt im Elektro-Encephalogramm (EEG). Es zeigt einen Gehirnstromverlauf an, der die für den Wachzustand charakteristischen Beta-Wellen durch die wesentlich langsameren Alpha-Wellen ersetzt. „Während (…) im gewöhnlichen Leben die Alpharhythmen zeitlich begrenzt im Übergang vom Wachen zum Schlafen erscheinen, werden sie vor dem Bildschirm zu einem ausgeprägten Dauerzustand" (ebd., S. 62).

Das physiologische Erscheinungsbild des den Bildschirm betrachtenden Menschen ist also das desjenigen, der sich in einem Zwischenzustand zwischen Wachen und Schlafen bewegt. Eine wesentliche Folge ist zum Beispiel die, dass die Erinnerungsmöglichkeit und -fähigkeit an das Gesehene (und auch über Lautsprecher Gehörte) deutlich gegenüber Live-Eindrücken herabgesetzt ist (vgl. Mander 1981, S. 196 ff.).

Da aber Erinnerungsbilder, also Vorstellungen, immer Zeugnisse der eigenen Produktivität sind, egal ob sie sich auf „live" Gesehenes oder aber auf mediale Eindrücke beziehen, kann in der Welt der Vorstellungs**bilder** nicht das Besondere liegen, was auf die Wirkung der Medien weist. Dieses liegt „eine Etage tiefer", in der Seele.

Wenn Pestalozzi anschaulich die Seele als „Kopf, Herz und Hand" charakterisiert, dann sind die Vorstellungsbilder, mit denen wir leben und die unser Bewusstsein ausmachen, der „Kopf". Die „Hand", gewissermaßen der „Keller" der Seele, ist die Energie, das Kraftvolumen, mit dem wir auf bestimmte Aufgaben zugehen können, zum Beispiel auch die des Erinnerungsaufbaus. Im herkömmlichen Sprachgebrauch nennen wir diese seelische Seite „Wille".

Das heißt, dass das eigentlich Bemerkenswerte am elektronischen Medienkonsum darin besteht, dass der Mensch in seiner Willensaktivität geschwächt wird – völlig unabhängig von den übermittelten Inhalten und der jeweiligen Darstellungsart. Neil Postmans Vision der weiteren Zivilisationsentwicklung greift diese Seite der elektronischen Medienwelt anschaulich auf, wenn er seinem diesen Fragen gewidmeten Buch den Titel „Wir amüsieren uns zu Tode" (1985) gibt. Seine Kernaussage ist die, dass alles, was über die elektronischen Medien vermittelt wird, den Charakter des Amüsements hat und die willentliche Verbindlichkeit verhindert.

Fragt man sich aus dieser Perspektive, was denn die immer wieder eingeforderte „Medienkompetenz" bedeutet, so lässt sich feststellen, dass es darum gehen muss, den Menschen willentlich so zu befähigen, dass er dem willenslähmenden Medium von sich aus etwas entgegenzusetzen hat. Medienerziehung ist somit zunächst Willensbildung.

Die Betrachtung der kindlichen Entwicklung zeigt, dass gerade der willentliche Zugriff auf die Welt die Beziehungsstiftung in den ersten Lebensjahren ist. Eine isolierte Vorstellungsbildung und damit ein in der Distanz geformtes Bild der Welt entspricht in keiner Weise dem Weltbezug des kleinen Kindes. Pflege und Bildung des willentlichen Zugriffs sind somit Aufgaben, die in ganz besonderer Weise die Zeit des Vorschulalters betreffen. Gleichzeitig vermitteln sie, ohne dass dies die lernzielorientierte Aufgabenstellung ist, die Kompetenz, in der zunehmend von elektronischen Medien bestimmten Welt Gestalter zu sein oder zu bleiben. Insofern verstehen sich verantwortliche Erzieher im Waldorfkindergarten als medienpädagogisch engagiert – auch wenn elektronische Medien keinen Platz in der pädagogischen Arbeit im Waldorfkindergarten haben. Dieser Standpunkt sei durch einzelne beispielhafte Aspekte noch erhellt:

Wenn wir Kinder beim Fernseh- oder PC-Monitor-Schauen beobachten, fällt neben der bereits erwähnten Augachsenstellung besonders und sehr schnell auf, dass in der Regel die sonst üblichen Bewegungen fehlen. Man stelle sich eine Kinderschar bei einem „Live"-Kasperletheater vor, wenn sich gerade leise von hinten das Krokodil an den Kasperl heranschleicht. Nahezu alle Kinder, die diesem Ereignis beiwohnen, können gar nicht umhin, den Kasperl mit Worten, Fingerzeigen oder auch dadurch, dass sie nach vorne zur Bühne laufen, um den Kasperl anzustoßen oder das Krokodil festzuhalten, zu warnen. Dasselbe Kasperletheater ruft, über den Bildschirm ausgestrahlt, weitaus weniger Bewegungen hervor. Der „motorische Mitvollzug des Weltgeschehens", der für das kleine Kind ansonsten charakteristisch ist, unterbleibt weitgehend. Die Bewegung wird unterdrückt, es kommt zum Bewegungsstau.

Werden aufgestaute Bewegungen freigesetzt, haben sie immer die Tendenz, aggressiv zu werden. So sind einige und leider zunehmende Momente in allen Tageseinrichtungen für Kinder im Vorschulalter dadurch gekennzeichnet, dass ihnen aggressive Bewegungen unterliegen, an deren Entstehen – neben anderen möglichen Gründen – auch der Medienkonsum beteiligt ist. Erscheinungen dieser Art stellen Erzieher in Einrichtungen mit ganz unterschiedlichen konzeptionellen Ansätzen fest. Gleichzeitig machen viele Erzieher die Erfahrung, im üblichen Erziehungs- und Bildungsgeschehen eines Kindergartens an Grenzen zu stoßen, die eigentlich den Raum für therapeutische Arbeit verlangen, der in der Alltagspraxis aber nicht so schnell gegeben ist.

Konstruktiv gesprochen bedeutet dies, dass in einer Zeit, in der Kinder immer mehr elektronische Medien konsumieren, im Kindergarten um so mehr Momente geschaffen werden müssen, in denen die Kinder unmittelbar in entsprechende Bewegungen und die jeweils altersentsprechende innere Führung der Bewegung kommen müssen. Es ist Anliegen der Waldorfkindergartenpädagogik, ein solches Leben zu leben, dass Kinder unmittelbar aus ihrem Willen und aus innerer Sicherheit heraus an den Geschehnissen des Lebens aktiv teilnehmen.

Ein weiterer wesentlicher Aspekt der Praxis und des psychologischen Hintergrundes der Waldorfkindergartenpädagogik sei im Folgenden angeführt: Ein Forschungsfeld des spirituellen Psychologen Rudolf Steiner ist die Sinneslehre, wobei er im Laufe seiner Arbeit von zwölf verschiedenen Sinnen ausgeht. Verbindend ist all diesen Sinnen, dass sie dem denkenden Bewusstsein entsprechende Wahrnehmungsinhalte bieten. Die zwölf Sinne gliedert Steiner in drei verschiedene Kategorien, die den „Ort" kennzeichnen, wo der Erfahrungsansatz seinen Ursprung hat. So spricht er von den „unteren" oder „Willenssinnen", die sich ganz auf Erfahrungen der eigenen Leiblichkeit beziehen. Die mittleren oder Gefühlssinne betreffen die Außenwelt, die oberen oder Denksinne beziehen sich auf die Erfahrung geistiger Realitäten. Zu den unteren Sinnen gehören der Tastsinn, Lebenssinn, Eigenbewegungssinn, Gleichgewichtssinn; zu den mittleren Sinnen zählen Geruchssinn, Geschmackssinn, Sehsinn, Wärmesinn; zu den oberen Sinnen gehören Gehörsinn, Wortsinn, Gedankenwahrnehmungssinn und Ich-Sinn.

An dieser Stelle kann keine umfassende Betrachtung der anthroposophischen Sinneslehre erfolgen, aber insbesondere die das kleine Kind betreffenden und die zum Bereich der Medienerziehung gehörigen Aspekte seien hier angesprochen: Wie in Kapitel 2.2 beschrieben, ist die frühe Kindheit in besonderer Weise der Zeitraum, in dem die qualitative Grundlegung der leiblichen Entwicklung und Existenz erfolgt. Wie der Mensch „in sich steckt", ist eine entscheidende Frage hinsichtlich des aktuellen Wohlbefindens und der weiteren Entwicklung. Die unteren bzw. Willens- oder – so auch ein Begriff Rudolf Steiners – Leibessinne vermitteln dem Bewusstsein Nachricht über diese Leibessituationen. Dies geschieht allerdings so, dass die Nachricht nicht das wache Bewusstsein erreicht – wie zum Beispiel ein Klang oder ein Farbeindruck –, sondern wie im Schlaf unbewusst bleibt, es sei denn, Störungen werden gemeldet, die dann ins Bewusstsein dringen. Beispielhaft soll dies am Gleichgewichtssinn beschrieben werden: Wenn der Mensch mit dem Rücken frei sitzt, steht oder geht, befindet er sich in einem labilen Gleichgewicht. Er droht gewissermaßen jeden Moment umzufallen, setzt dann aber in der Regel der Tendenz des Fallens durch einen neuen Schritt oder eine Gewichtsverlagerung etwas entgegen, das eine neue Position des labilen Gleichgewichtes herstellt.

Dieses sehr komplizierte und mit großer Aufmerksamkeit bedachte Geschehen findet nahezu ständig statt, wenn sich der Mensch in seinem gewöhnlichen Wachzustand befindet. In aller Regel weiß er von diesem

Geschehen nichts, da die Eindrücke der Sinneswahrnehmung nicht bewusst registriert werden. Die Aufmerksamkeit bei einem Gespräch ist zum Beispiel auf die optischen Eindrücke oder den Gesprächspartner gerichtet, mit dem man gerade zusammensteht, aber nicht auf das Gleichgewicht im Verhältnis zur Erde, also die eigene leibliche Befindlichkeit.

Das Gleiche gilt für die eigenen Bewegungen der Gliedmaßen. Selbstverständlich nehmen wir wahr, wo sich unsere Hände oder Füße momentan befinden; aber auch hier – in der Sprache Rudolf Steiners: beim Eigenbewegungssinn – bleibt der Vorgang unbewusst, wie auch die Bewegung, die der Mensch leiblich vollführt, um die entsprechenden Formen, die optisch wahrgenommen werden, nachzuvollziehen; ebenso der Vorgang der ständigen leiblichen Selbsterfahrung durch den Tastsinn oder den Lebenssinn, also den Sinn, der Auskunft gibt über die eigene Konstitution, also wie wir uns in uns fühlen.

Die individuelle, ich-hafte Beheimatung in der eigenen Leiblichkeit hängt stark von den im Unbewussten bleibenden Eindrücken dieser Leibessinne ab. Diese Sinneserfahrungen schwingen immer mit, wenn zum Beispiel Erfahrungen gemacht werden mit und an der das Kind umgebenden Welt. Wenn das Kind von einer Tapete umgeben ist, auf der viele kleine Muster sind, wird der Eigenbewegungssinn im Zusammenhang mit der optischen Wahrnehmung dieser Tapete in entsprechend hektischer Weise aktiviert. Ganz anders sieht es aus, wenn der Blick in Verbindung mit den unteren Sinnen in ein schwingendes Abtasten kommt, wie zum Beispiel bei der Wandgestaltung mit Lasuren (vgl. Kapitel 4.3).

Wenn das Kind zum Beispiel mit Aquarellfarben Nass-in-Nass malt und das nasse Blatt auf ein Malbrett aufgezogen wird, ist es ausgehend von sinnespsychologischen Aspekten bedeutsam, dass das Blatt mittig und gerade angebracht wird und keine Falten oder Blasen wirft. Es kommt also gerade darauf an, die kleinen Dinge des Alltags so zu betrachten, dass die Verhältnisse stimmen, zum Beispiel die Größe der gewählten Schüssel und die Menge des Teiges für das zu backende Brot und der Freiraum für die manuelle Bearbeitung des Teiges stimmig sind. Genauso gilt es, Aufmerksamkeit dafür zu entwickeln, dass die Schüsseln für das Frühstück, die Trinkbecher und die jeweils eingefüllte Menge in einem passenden Verhältnis zueinander stehen. All diese Beispiele erscheinen klein und unscheinbar, haben aber Bedeutung für den Gleichgewichtssinn der Kinder und sind insofern im weiteren Sinne zur Pflege dieser Sinneserfahrung einzusetzen.

Als weiteres Beispiel sei die Ebene des Lebenssinnes angeführt. So ist es eine wesentliche Aufgabe in der Beziehung zu den Kindern im Waldorfkindergarten, dass alle Bedrängnisse und Belastungen aufgelöst werden. Das

Grundgefühl des Kindes, dass die Welt im Prinzip gut ist, lässt die Kinder erwarten, dass alles, was in irgendeiner Weise „verrückt" ist, wieder gerade gerückt, wieder geheilt werden kann. So entsteht eine Lebensstimmung der Heiterkeit, die über den Lebenssinn verinnerlicht wird. Nicht die gedankliche Begründung, dass Heiterkeit für die Seele gut ist, sondern der praktische Lebensvollzug, alles im Licht der Heiterkeit sehen zu können und die Kinder daran teilhaben zu lassen, ist Pflege des Lebenssinnes.

Diese Beispiele machen deutlich, dass es gerade bei den Erfahrungen der unteren Sinne nicht um isolierte Sinneserfahrungen geht, sondern diese Leibeserfahrungen immer eingebunden sind in andere Sinneserfahrungen, die zum Beispiel auf die Außenwelt gerichtet sind. Und hier liegt eine weitere entscheidende Ebene der Unterstützung der Aufgabe des Kindes, seinen Bezug zu seinen Lebensverhältnissen zu finden.

In diesem Kontext untersucht Rudolf Steiner in seinen sinnespsychologischen und -physiologischen Forschungen die Frage, wie es eigentlich dazu kommt, dass der Betrachter eines Sinnesobjektes nicht nur das Vorstellungsbild, zum Beispiel „grüner Baum", besitzt, sondern zu dem Urteil kommt: „Es ist ein grüner Baum" – also die Existenz des Wahrgenommenen erkennt (vgl. Steiner 1960, S. 144 ff.).

> „Hat jemand die Seh-Wahrnehmung ‚grüner Baum', so kann der Tatbestand des Urteiles ‚es ist ein grüner Baum' nicht in der physiologisch oder psychologisch unmittelbar aufzeigbaren Beziehung zwischen Baum und Auge gefunden werden. Was in der Seele als solcher innerer Tatbestand des Urteilens erlebt wird, ist eben noch eine andere Beziehung zwischen dem ‚Menschen' und dem ‚Baum' als diejenige ist zwischen dem ‚Baum' und dem ‚Auge'. Doch wird nur die letztere Beziehung in dem gewöhnlichen Bewusstsein mit voller Schärfe erlebt. Die andere Beziehung bleibt in einem dumpfen Unterbewusstsein und tritt nur in dem Ergebnis zutage, das in der Anerkennung des grünen Baumes als eines Seienden liegt. Man hat es bei jeder Wahrnehmung, die auf ein Urteil sich zuspitzt, mit einer Doppelbeziehung des Menschen zu der Objektivität zu tun" (Steiner 1960, S. 145).

Diese Aussage impliziert, dass immer, wenn es um die existenzielle Anerkennung der Welt auf der Wahrnehmungsseite geht, neben der auf die äußere Welt gerichteten Wahrnehmung – zum Beispiel durch Seh- oder Hörsinn – Sinneserfahrungen beteiligt sind, die sich auf die eigene Leiblichkeit in diesem Vorgang richten, also die unteren Sinne. Diese Erfahrungen sind verantwortlich für das Existenzerlebnis, also die absolute Basiserfahrung, die der Mensch benötigt, um überhaupt auf der Erde und in seinem Leben Fuß zu fassen. In besonderer Weise hebt Rudolf Steiner die Synästhesie, den Zusammenklang der Wahrnehmungen des Sehsinns und des Gleichgewichtssinnes, hervor:

> „Ereignet sich (…), dass ein Gegenstand gesehen wird, und zugleich der Gleichgewichtssinn einen Eindruck vermittelt, so wird scharf wahrgenommen das Gesehene. Dieses Gesehene führt zu der Vorstellung des Gegenstandes. Das Ergebnis durch den Gleichgewichtssinn bleibt als Wahrnehmung dumpf; jedoch es lebt auf in dem Urteile: ‚das Gesehene ist‘ oder ‚es ist das Gesehene‘" (Steiner 1960, S. 148).

In dieser sinnespsychologischen Betrachtung liegt ein entscheidender Schlüssel hinsichtlich der Fragen der Medienerziehung bzw. des Konsums elektronischer Medieninhalte. Gerade die Aktivitäten, die die „Leiblichkeit ausrichten" für die Wahrnehmung eines Objektes – zum Beispiel die stets ausgleichenden Bewegungen des Auges, um den unterschiedlichen Helligkeiten oder Entfernungen Rechnung zu tragen –, sind beim Schauen auf den Bildschirm oder beim Hören der aus dem Lautsprecher kommenden Klänge erheblich eingeschränkt, da der Kameramann oder Aufnahmeleiter diese Tätigkeit gewissermaßen für den Konsumenten vorweggenommen hat. Mit der Reduzierung dieser dumpfen Erfahrungsseite, der Wahrnehmung der Leibessinne, wird das Existenzerlebnis im Wahrnehmungsakt der Welt eingeschränkt. Die Welt erhält so einen unverbindlichen, tendenziell illusionären Charakter.

Ist dieser Sachverhalt allein schon problematisch genug, ist die Folge noch fataler, insbesondere in den Lebensjahren, in denen der Mensch seine Beziehung zur Welt grundlegend aufbaut: In dem Maße, in dem der Mensch die Welt als existent erlebt, kann er sich von ihr angesprochen fühlen; und in diesem Maße kann er in der ihm gegenüberstehenden Welt die Beauftragung für seine Aktivitäten erfahren, welche wiederum Grundlage für seine Selbstverwirklichung sind. Ein handlungsorientiertes Bewusstsein entsteht immer im Verhältnis des Menschen zu seiner Peripherie, zu seinem Umkreis. Dieses Selbstbewusstsein ist ein wesentlich intensiveres als das zentrale egoistische Selbstbewusstsein.

Das Erlebnis, dass die Welt, der ich begegne, nicht wirklich existent ist, bedeutet gleichzeitig, das eigene Selbst nicht als wirklich existent zu erleben. Aber genau diese Existenzerlebnisse sind Erfahrungen, die in möglichst intensiver Form gerade am Anfang des Lebens gemacht werden sollen, wenn der Mensch beginnt, seine Grundbeziehung zu dem Schauplatz zu finden, auf dem er sich als Mensch verwirklichen und entwickeln will.

5

Zur Sozialgestalt des Waldorfkindergartens

5.1 Erziehung zur Freiheit

Als Rudolf Steiner 1919 die erste Waldorfschule gründete, entsprang dieser Impuls dem Anliegen einiger Menschen – vor allem Emil Molts, des damaligen Direktors der Waldorf-Astoria-Zigarettenfabrik: Es war das Ziel, eine pädagogische Einrichtung zu schaffen, in der zum einen die Kinder zu sozial kompetenten Menschen erzogen werden, zum anderen aber der Organismus Schule selbst Ausdruck eines Sozialimpulses sein sollte, in dem Grundgesetzmäßigkeiten des zwischenmenschlichen Umgangs und der Gemeinschaftsbildung verwirklicht werden sollten.

Auch heute entstehen Waldorfkindergärten nur dort, wo Menschen explizit Einrichtungen dieser Pädagogik wollen. Allen Waldorfkindergartengründungen liegen individuelle Intentionen und Impulse zugrunde. Meistens sind es Eltern, die den originären und primären Anstoß geben, in anderen Fällen sind es Pädagogen oder aber auch Menschen, die weder als Eltern noch mit Blick auf ein eigenes Arbeitsfeld zu Initiatoren für die Bildung einer Gründungsinitiative werden. Es sind stets beteiligte und betroffene Menschen, die die Verantwortung für das soziale Wesen Waldorfkindergarten tragen. Nie ist es ein formaler Beschluss von außen, der zur Einrichtung eines Kindergartens im Sinne der Waldorfpädagogik führt. Es ist ein Grundanliegen aller Einrichtungen, die sich um Waldorfpädagogik bemühen, soziale Formen zu schaffen, in denen die pädagogisch handelnden Menschen selbstbestimmt arbeiten können. Wenn Ursprung und Ziel des pädagogischen Geschehens die Qualität der Freiheit sein soll, muss die erzieherische Begegnung aus der freien Entscheidung des Pädagogen heraus gestaltet werden; es können somit keine weisungsgebundenen und weisungsabhängigen Handlungen die angestrebte Qualität ausmachen.

5.2 Zum Bild des Pädagogen im Waldorfkindergarten

Wenn Waldorfpädagogik kein Programm ist, das unabhängig vom Erzieher existiert, dann kommt dem Pädagogen die entscheidende Aufgabe im erzieherischen Geschehen zu. Das Leitmotiv der Waldorfkindergartenpädagogik besteht darin, dass das Kind den Erwachsenen nachahmend als Vorbild sucht, also als denjenigen, der buchstäblich Lebensschritte **vorbildet.** Das Wesen des Erziehers, seine Persönlichkeit, seine Haltung sind Garant für die Qualität der Begegnung und der Erziehungsarbeit mit den Kindern. Wie bereits dargestellt, ist hier nicht die intellektuelle Anschauung oder das erworbene Wissen ausschlaggebend, sondern die in die tieferliegende Sphären der Seele eingelagerten und erarbeiteten Haltungen, Gewohnheiten und Selbstverständlichkeiten.

In der Begegnung mit dem Kind wirkt der Pädagoge dadurch, wer er ist, und nicht durch das, was er weiß oder sich als isolierte Fähigkeit angeeignet hat. Dies schließt jedoch keineswegs aus, dass die Erarbeitung von Wissen und der Erwerb von definierten Fähigkeiten immer wieder Etappen auf dem Weg zu tieferliegenden Haltungen sein können. In diesem Sinne steht der Erzieher in einem steten Selbsterziehungsprozess, der selbstverständlich in unterschiedlichen biografischen Momenten auch unterschiedlich aussieht. Ein Beispiel soll diese Bewegung verdeutlichen:

Nicht das Wissen um die vorgeburtliche Existenz des Kindes – vielleicht war das Kind in einem früheren Erdenleben eine viel größere Persönlichkeit als es der Erzieher in seinem Leben je werden wird oder möglicherweise beruht die Begegnung mit dem Kind auf einer alten schicksalhaften Verbindung – bildet die Grundlage für die Beziehung zu dem Kind. Bedeutung für das praktische Erziehungsleben entsteht erst dann, wenn sich daraus eine Haltung oder Gesinnung geformt hat, dem Kind in seiner Unvollkommenheit und Hilfsbedürftigkeit mit Achtung zu begegnen. Es handelt sich nicht um ein Wissen, sondern um eine innere Frage, mit der der Erzieher in der Begegnung mit dem Kind umgeht; sie bedarf keiner abschließenden Beantwortung, sondern macht gewissermaßen das Terrain der Begegnung aus.

In dieser Hinsicht gibt es keine abschließende Ausbildung oder Kompetenz für Waldorf-Pädagogen, sondern die Qualifizierung drückt sich in der Bereitschaft aus, in einen steten Prozess einzutreten. Daher verlangt die Mitarbeit im Waldorfkindergarten neben der allgemeinen und formal vorgegebenen Qualifizierung als Erzieher eine entsprechende Einstellung und Einarbeitung.

In der Regel haben Erzieher im Waldorfkindergarten ein Fortbildungsseminar besucht. Diese Fortbildung umfasst zum einen künstlerische Aspekte, durch die im genannten Sinne die innere Beweglichkeit angeregt und ausgebildet wird, zum anderen eine intensive Einarbeitung in das Menschenbild der Anthroposophie und Waldorfpädagogik, um im lebendigen Umgang mit Gedanken, die den Menschen als geistiges Wesen sehen, einen erweiterten Zugang und Begegnungsansatz zu eröffnen.

Methodisch ist hier ein Aspekt Rudolf Steiners zur erkenntnis- und wissenschaftstheoretischen Grundlage wichtig. Im Sinne des naturwissenschaftlichen Verständnisses ist das sinnliche Experiment der Garant und Beweis. Geistige Aussagen erhalten jedoch ihre Beweiskraft dadurch, dass sie sich quasi wie zu einem sich selbst tragenden Netz verknüpfen und durch die innere Aktivität des Menschen zu einem Wahrheitserlebnis führen. Das durch die Bewegung spiritueller Gedanken entstehende Vertrauen in die eigene Denkfähigkeit ist gleichzeitig Ausgangslage und Ziel dieser Arbeit. Der so arbeitende Mensch verändert sich mit seiner Gedankenführung, die Gedanken bleiben nicht bloß als zunächst unverbindliche theoretische Vorstellungen stehen, sondern erreichen – seelisch gesprochen – die tiefer liegende Schicht des Willens und werden so zu Haltungen (vgl. Steiner 1961a, S. 62 f.).

Selbstverständlich gehören ebenfalls Übungen zu methodisch-didaktischen Fragestellungen, zur Kinderbeobachtung und Kinderbeschreibung, zur Konferenzarbeit und zur Zusammenarbeit mit den Eltern zu den Inhalten dieses Fortbildungsseminars. Eine Ur-Idee der Waldorfpädagogik ist die Beteiligung des tätigen Pädagogen an der Verwaltung des pädagogischen Arbeitsprozesses. In der Regel sind die Träger der Waldorfkindergärten selbstständige Unternehmungen, in Deutschland nahezu ausschließlich eingetragene gemeinnützige Vereine. Meist sind Erzieher an der Führung dieser Trägervereine beteiligt, entweder offiziell oder als Gäste in der Vorstandsarbeit. So entsteht ein soziales Klima, in dem sich nicht – formal gesprochen – Arbeitnehmer und Arbeitgeber gegenüberstehen, sondern in der gemeinsamen unternehmerischen Verantwortung der Boden für das ideelle Unternehmensziel geschaffen werden kann. Dieses Ziel ist „Erziehung zur Freiheit". Wie bereits ausgeführt, entsteht die Freiheit in der Beziehung zu den realen Lebensverhältnissen, die es „in Freiheit" zu gestalten gilt. Hierzu gehören auch Entscheidungen, die die unternehmerischen Linien des Kindergartens betreffen, den Kindergarten in einen gesellschaftlichen Kontext stellen.

Ein markantes Beispiel ist der waldorfpädagogische Umgang mit ganz kleinen Kindern von der Geburt bis zum dritten Lebensjahr: Früher war es eine nahezu unumstößliche Auffassung der Erzieher in Waldorfkindergärten, dass Kinder in diesem Alter nicht in eine Institution mit vielen Menschen gehören, sondern den intimen Kernfamilienumkreis benötigen, da sie noch keine Gruppenbeziehungen pflegen und gestalten können und stets in dualen Beziehungen leben. Heute gehören zu nahezu allen Waldorfkindergärten Kleinstkind- bzw. Krabbelgruppen. Der Grund für diese Entwicklung liegt in der Respektierung der Bedürfnisse junger Eltern.

So wie sich im pädagogischen Prozess Handeln aus Freiheit nur ergibt, wenn keine äußeren Zwänge das Handeln veranlassen, sondern verantwortliche Entscheidungen aus dem Ich des Menschen heraus das Handeln begründen, so gilt dies auch für handlungsorientierte Entscheidungen auf der unternehmerischen Ebene. Hieran sind in der Regel die pädagogischen Mitarbeiter in Waldorfkindergärten engagiert beteiligt.

5.3 Die Konferenz als Führungs- und Gestaltungsorgan

In der pädagogischen Praxis bedeutet „Erziehung zur Freiheit", dass der Erzieher das tut, was er will, und gleichzeitig aber auch das will, was er tut. Das heißt, dass der Erzieher sein Handeln liebt (um die bereits zitierten Worte Johann Wolfgang von Goethes aufzugreifen). Dies setzt eine stete Bereitschaft zur Selbstreflexion und -korrektur voraus. Daher braucht der Erzieher regelmäßig ein Forum, um auf das eigene Handeln zurückzuschauen und sich selbst neue Ziele zu geben. Dieses Forum ist die in der Regel wöchentliche Konferenz aller Erzieher, die ein notwendiges Pendant zum freien und selbstbestimmten Handeln darstellt.

Hier ist der Ort und die Zeit für kritische Rückblicke auf das erfahrene Vergangene im Sinne der Frage: Was können wir aus unseren gelebten Erfahrungen lernen? Hier findet aber auch die Auseinandersetzung mit der Zukunft statt: Was braucht die Gegenwart an Impulsen aus der Zukunft? Was „ruft" gewissermaßen aus der Zukunft in die Gegenwart? Was sind die Entwicklungsbedürfnisse der Kinder heute? Welche Unterstützungen benötigen die Eltern unseres Kindergartens? Welche Fähigkeiten müssen wir jetzt entwickeln, um den aktuellen Aufgaben gerecht werden zu können und nicht nur Traditionsträger der Vergangenheit zu sein? Wie sind Feste oder Bräuche heute zu verstehen, welchen Sinn haben sie? Meist ist ein Teil der Konferenz diesen Fragen gewidmet, der sie somit zu einem ständigen Fort- und Weiterbildungsorgan werden lässt.

Neben dieser mehr geistig ausgerichteten gemeinsamen Fortbildungsarbeit bietet die regelmäßige Konferenz die Möglichkeit, die vielen kleinen und großen technischen und pragmatischen Fragen des anstehenden Tagesgeschäfts gemeinsam zu besprechen und zu entscheiden. Ein wesentlicher Aspekt der wöchentlichen Konferenz ist die Wahrnehmung von Führungs- und Leitungsaufgaben der Einrichtung: die Festlegung bestimmter „Linien" der Arbeit, Konzeptionsentscheidungen, Neueinstellungen, Aufnahme neuer Kinder etc. Fragen, die das Gesicht der Einrichtung nachhaltig prägen und zumindest unter anderem Entscheidungen des Kollegiums verlangen, können hier bearbeitet werden.

Wenn auch die Details in jedem Kindergarten individuell gehandhabt werden und sich immer wieder ändern, verbindet doch alle Waldorfeinrichtungen die Suche nach Handlungsformen, in denen alle Fragen- und Aufgabenbereiche des Kindergartenlebens zeitnah bearbeitet werden können und die betroffenen Menschen möglichst machtfrei miteinander umgehen. Dieser Prozess ist durch zwei große Aufgaben gekennzeichnet:

* Zum einen geht es auf der Ebene der Erkenntnis darum, so miteinander zu arbeiten, dass durch die immer vorhandenen verschiedenen geistigen „Stand-Punkte" jeder der Beteiligten „Gewinner" ist. Die soziale und kollegiale Aufgabe besteht darin, selbst Stand-Punkte einzunehmen und die der anderen zuzulassen. Das bedeutet buchstäblich „Sich-Verstehen". Denn Verstehen heißt, den „Stand-Punkt" eines anderen einnehmen zu lernen; das heißt, eine Ebene der geistigen Zusammenarbeit zu finden, in der keine Urteile den Prozess abschließen.

* Die andere große Aufgabe besteht darin, dass zusammenarbeitende Menschen es schaffen, zu Entschlüssen und Entscheidungen zu kommen, die Ausdruck eines gemeinsamen Willensimpulses sind – salopp formuliert, also „an einem Strick ziehen". Es geht nicht darum, dass demokratisch mehrheitliche Entschlüsse gefasst werden, sondern ein sozialer Prozess dazu führt, dass am Ende alle dasselbe wollen. Dieser Schritt ist nur möglich, wenn neben der sachlichen die zwischenmenschliche Ebene unmittelbar entscheidend wird. Entschlüsse sind dann sozial tragfähig, wenn der Einzelne aus Liebe zu seinen Mitstreitern seine eigenen Willensintentionen zurückstellen kann.

Wege zu beschreiten, die die Qualitäten des „Sich-Verstehen-Wollens" und „Aus-Liebe-zum-anderen-Intentionen-zurückstellen" beinhalten, sind Schulungswege, deren Qualitäten nicht an einem Endpunkt oder einem erreichten Ziel messbar sind, sondern dadurch, dass sie immer wieder begangen werden – unabhängig vom Erfolg des Ergebnisses.

5.4 Qualitätssicherung im Waldorfkindergarten

Die aus der Idee der Anthroposophie gewonnenen beschriebenen Formen des Zusammenlebens und Zusammenarbeitens sowie der pädagogischen Begegnung mit dem Kind sind Ausdruck einer nachvollziehbaren Qualität der Arbeit im Waldorfkindergarten. Sie sind gewissermaßen leitbild- und konzeptimmanent. Seit im Bildungswesen die Aufgabe des Qualitätsmanagements diskutiert und eingeführt worden ist, haben Waldorfkindergärten in aller Regel über das gewohnte Maß hinaus Qualitätsentwicklungsverfahren in ihre Arbeit integriert. Meistens greifen die verantwortlichen Menschen dabei auf Verfahren zurück, die auf dem Boden der Waldorfpädagogik entwickelt worden sind, um pädagogische Prozesse – also Begegnung zwischen Menschen – nicht mit Kriterien und Maßstäben zu erfassen, die ursprünglich für industrielle Produktionsprozesse gedacht gewesen sind (vgl. Saßmannshausen 2000; Worel 2002). Erziehung ist in ihrem Kern auch kein kundenorientiertes Geschäft, sondern ausschließlich menschliche Begegnung. Pädagogik ist keine Ware oder Dienstleistung mit Warencharakter, sondern das ideelle Bild der Begegnungsweise.

> Konfuzius wird die weisheitsvolle Aussage zugesprochen: „Wenn die Begriffe nicht richtig sind, so stimmen die Worte nicht. Und stimmen die Worte nicht, so kommen auch die Werke nicht zustande."

Um die pädagogische und institutionelle Qualität zu entwickeln und zu sichern, braucht es zunächst einer klaren ideellen begrifflichen Beschreibung, wo Qualität in der Erziehung und Bildung ihren Ausgangs- und Gestaltungspunkt hat.

Wenn Erziehung und Bildung im Kindergartenalter in der Hauptsache Begegnung sind, ist die Begegnungsfähigkeit des Erwachsenen das Qualitätsmerkmal. Es geht also um das Ich des Erziehers. Nun ist das Ich januskÖpfig. Die eine Seite schaut zurück in die Vergangenheit, in die Erfahrungswelt des Menschen. Der Mensch ist der, der er durch seine Erfahrung geworden ist. Bestimmte Verhaltensweisen sind aus der biografischen Vergangenheit erklärbar. Auf der anderen Seite lebt in jedem Menschen etwas, was wesentlich unkonturierter als die Erfahrungswelt ist und nicht in klar definierte Begriffe eingefasst werden kann, aber enorm wirkungsvoll das eigene Dasein in Wert setzt. Diese Seite taucht im Lebensgefühl auf und ist vielleicht am besten mit dem Begriff der Sehnsucht benennbar. Etwas, was wie ein Ruf aus der eigenen Zukunft ist und dessen Verwirklichung immer mit persönlichem Mut und Risiko zusammenhängt. Die erfahrungsbezogene Seite des Ich lässt den Menschen in Wiederholung treten, lässt ihn Verhaltensweisen, Anschauungen und Konzeptionen tradieren. Hier weiß er aus der eigenen Vergangenheit, wie er in diesem oder jenem Falle reagieren muss. Aus der eigenen Sehnsucht heraus die Motive des eigenen Handelns zu entfalten, ist immer Neuland. Das Leben ist Risiko. Jede Situation ist einmalig, und ihre Bemeisterung lebt nur aus der Intuition für diesen jeweils gültigen Augenblick.

Bewusste Begegnungsqualität im Erziehungs- und Bildungsgeschehen entsteht dann, wenn der einzelne Erzieher oder aber auch ein Erzieherkollegium sich in einem folgerichtigen Prozess auf den Weg begibt, seine zukunftsorientierten Sehnsuchtsmotive, die nicht mit Wünschen, die aus der Vergangenheitserfahrung abgeleitet werden, verwechselt werden dürfen, zu finden und zur innerlich handlungsleitenden Motivlage macht. Neben den steten „alten" professionellen Frage- und Aufgabenstellungen, methodisch-didaktisch und organisatorisch-strukturell klare Formen zu finden, bedeutet

Begegnungsqualität, sich selbst als Lernenden aus dieser Sehnsuchtsmotivation heraus in das Geschehen einzubringen. Pädagogische und soziale Qualität sind gewissermaßen das nur in Freiheit geborene Licht, das die der Notwendigkeit des Lebens entspringende Aufgabenstellung beleuchtet. Qualitätssicherung bedeutet in diesem Sinne, verbindliche Prozeduren zu beschreiben, in denen diese Prozesse immer wieder stattfinden und stets exemplarisch (im Sinne des „exemplarischen Prinzips" nach Martin Wagenschein) Innovation bewirken.

So können immer wieder partnerschaftliche Beziehungen zwischen Erziehern und Kindern entstehen, in denen beide Seiten voneinander lernen.

5.5 Beziehung zwischen Eltern und Erziehern

Wenn sozial einvernehmlich Freiheit die Grundlage des pädagogischen Handelns sein soll, muss weitestgehende Transparenz für alle Beteiligten bestehen. Dies gilt besonders für die Erziehungspartner Eltern. Wechselseitige Transparenz des Handelns zu erzeugen ist sozialer Auftrag. Aus diesem Grund gehört zum Leben eines Waldorfkindergartens ein regelmäßiger Austausch zwischen Eltern und Erziehern, der im Kindergarten oder aber auch bei Besuchen der Familien zuhause stattfinden kann. Die Motive, warum sich Eltern für den Waldorfkindergarten entscheiden, sind durchaus verschieden. War die Entscheidung früher sicherlich in erster Linie davon geprägt, dass Eltern speziell den Ansatz der Waldorfpädagogik für ihre Kinder wollten und deshalb auf den Waldorfkindergarten zugingen, sind heute oft ganz pragmatische Motive ausschlaggebend, nämlich die Nähe des Kindergartens zur Wohnung bzw. Arbeitsstelle oder die Öffnungszeiten. Insofern kann es durchaus sein, dass der erzieherische Ansatz in Kindergarten und Elternhaus differiert. Auch wenn sich der Kindergarten-Jahreslauf an den christlichen Jahresfesten ausrichtet, entspricht dies oftmals nicht allen Familien- und Lebenszusammenhängen. Sei es, weil dieser Bezug völlig fehlt, oder aber auch andere, zum Beispiel islamische Bezüge im Familienleben wichtig sind. Umso mehr ist ein ganz auf das praktische Leben und den konkreten Bezug zum Kind ausgerichtetes Gespräch die Bedingung für ein gedeihliches Zusammenarbeiten im Sinne des Kindes.

Das Grundanliegen des Waldorfkindergartens ist es, in der jeweiligen und damit gemeinsamen Verantwortung für das Schicksal des Kindes das eigentliche Motiv der Zusammenarbeit mit den Eltern zu sehen. Nicht Belehrung über den „richtigen" Erziehungsansatz, das „richtige" Spielzeug, das „richtige" medienpädagogische Verhalten etc. sind wichtig oder überhaupt bedeutsam, sondern die Begegnung und Zusammenarbeit um des Kindes willen.

Die oftmals sehr reichhaltigen und vielseitigen Seminar- und Vortragsveranstaltungen der Waldorfkindergärten zu biografischen, sozialen, psychologischen, partnerschaftlichen und kulturellen Themen sind ebenfalls Ausdruck der Fragestellungen, die sich ergeben können, wenn ein offenes Gespräch über das Schicksal des Kindes zwischen Erziehern und Eltern möglich ist.

5.6 Die Bedürfnisse der Menschen sind die Motive

Freiheit im beschriebenen Sinne ist nur sinnvoll, wenn sie korrespondiert mit der inneren Verbindlichkeit dem Partner gegenüber – natürlich vor allem gegenüber den Kindern. Ihre Bedürfnisse sind das eigentlich Motivgebende. Die konzeptionelle Arbeit hat ihren Zielpunkt stets in der Interessen- und Bedürfnislage der Kinder. So ist die passende und notwendige Qualität, die gefragt ist, „Brüderlichkeit". Das heißt Verpflichtung den konkreten und jeweiligen Bedürfnissen der betroffenen Menschen gegenüber.

> „Was (…) erzogen werden soll, das soll nur aus der Erkenntnis des werdenden Menschen und seiner individuellen Anlagen entnommen sein" (Steiner 1972b, S. 26).

In diesem Sinne ist es ein Ur-Anliegen der Arbeit im Waldorfkindergarten, „kundenorientiert" zu arbeiten. Die brüderliche Gesinnung zeigt sich auf der anderen Seite darin, dass keinem Kind oder keiner Familie die Aufnahme in den Kindergarten verwehrt wird, weil vielleicht die wirtschaftlichen Verhältnisse der Familie einen Besuch nicht zulassen. Die materiellen Bedingungen sind in den einzelnen Regionen und Ländern, in denen es Waldorfkindergärten gibt, sehr unterschiedlich. In der Regel sind aber fast überall die Eltern aufgefordert, durch entsprechende finanzielle Beiträge den materiellen Bestand des Kindergartens zu sichern. Wenn auch die Verfahren zur Finanzierung der Kindergärten im Detail sehr unterschiedlich sind, sind sie doch immer dem Anliegen verpflichtet, allen interessierten Eltern die Möglichkeit zu bieten, ihr Kind in einen Waldorfkindergarten zu schicken. Der Gedanke des Elitären, im Sinne einer Zugehörigkeit zu einer Schicht mit bestimmter Wirtschaftskraft, ist dem Waldorfkindergarten völlig fremd.

5.7 „Keimzelle der Kulturerneuerung"

Das Leben in Gemeinschaften, so auch in einem Kindergarten, wird bestimmt von zwischenmenschlichen Beziehungen. Diese Beziehungen gestalten sich in ausgesprochenen und unausgesprochenen Verabredungen, Spielregeln und Gesetzen. Regeln und Absprachen werden von Menschen geschaffen. In ihnen liegt immer der soziale Sprengstoff der Machtpositionierung, und auf dieser Ebene liegt auch das Feld der Entscheidungsmöglichkeiten und -notwendigkeiten. Sozialgestaltung im Sinne der Waldorfkindergartenpädagogik heißt, Entscheidungskompetenzen an die Menschen und Menschengruppen zu binden, die auch die Verantwortung für diese Entscheidungen tragen. Das können Eltern und Erzieher sein, aber auch Personen, die sich über ihre Aufgabe als Pädagogen oder Eltern hinausgehend für das gesamte „Unternehmen Kindergarten" als Träger engagieren wollen.

In diesem Sinne verwirklicht die Arbeit im Waldorfkindergarten weitestgehend das soziale Gestaltungsprinzip der Demokratie, da alle, die sich engagieren wollen, in dem jeweils betroffenen und zur Rede stehenden Arbeitsfeld als Menschen gleichgestellt sind – unabhängig von individuellen Merkmalen, wie zum Beispiel persönliche Kompetenz oder Zugehörigkeitsdauer zum Kindergarten. So kann ein Boden entstehen, auf dem das, was dann Einzelne oder wenige tun oder entscheiden, von der Gemeinschaft getragen ist. Die individuelle Initiativbereitschaft – **das** Kapital sozialer Arbeit – wird heilsam eingebunden in den gesamten Organismus und von der ganzen Gemeinschaft getragen. Auch wenn natürlich nicht alle sozialen Prozesse immer harmonisch gelingen und – wie immer im Zwischenmenschlichen – individuelle Einseitigkeiten, Eitelkeiten, Machtbedürfnisse, Fehleinschätzungen oder Inkompetenzen auch im Leben des Waldorfkindergartens ihren Platz haben, zeigt doch die über 80-jährige Geschichte der Waldorfkindergärten, dass aus dem steten Versuch, die Grundgesten des sozialen Organismus zu pflegen und zu beachten, eine sozial tragfähige Basis erwachsen kann. Diese Grundgesten bestehen darin,

∗ die individuelle Freiheit zu schützen, wenn der Mensch aus seiner geistigen Intuition heraus arbeitet,

∗ sich brüderlich den Bedürfnissen der anderen verpflichtet zu fühlen – und

∗ alle betroffenen Menschen gleich zu achten, wenn es um die gemeinsamen Spielregeln und Verabredungen geht.

Dies erweist sich zum einen als verlässliche Grundlage, ohne vorzuschreiben, wie sich Menschen in diesem oder jenem Falle zu verhalten haben; zum anderen eröffnet sich stets die Möglichkeit, die konkreten Aufgaben der jeweilig erlebten und aktuellen sozialen Realität aufzugreifen, ohne sich weltanschaulich oder dogmatisch gebunden zu fühlen.

Der Wandel vieler Waldorfkindergärten in Deutschland – zum Beispiel von „klassischen Kindergärten" für Kinder ab vier Jahren bis hin zu ganz-jährig geöffneten Tagesstätten, in die Kleinkinder oder auch Schulkinder integriert sind – ist beredtes Zeugnis dieser Veränderungsmöglichkeit und -bereitschaft.

Darüber hinaus übernehmen zahlreiche Waldorfkindergärten durch das vielfältige Engagement der Eltern, Erzieher und verbundenen Freunde für den Umkreis oder Stadtteil kulturelle Aufgaben, die den Kindergarten zu einem Ort werden lassen, in dem auch die Erwachsenen – in der Hauptsache die Eltern – für ihre Fragen sowie Kultur- und Bildungsbedürfnisse Antworten und Gestaltungsraum finden.

Rudolf Steiners Ur-Idee, mit der Waldorfpädagogik Orte zu schaffen, die zu „Keimzellen der Kulturerneuerung" werden, lässt sich in vielen Waldorfkindergärten weltweit wiederfinden. Für diesen „Kulturerneuerungsimpuls" gibt es kein besseres Entfaltungsklima als die Umgebung von kleinen Kindern. Sie tragen immer wieder neue Motive und Fragen an die älteren Menschen heran. Und nie ist der Mensch so bereit, Neues aufzugreifen, wie im verbindlichen Lebenszusammenhang mit Kindern.

Literatur

Geiger, Rudolf (1982): Märchenkunde. Mensch und Schicksal im Spiegel der Grimmschen Märchen. Stuttgart: Urachhaus.

Hemleben, Johannes (1963): Rudolf Steiner. In Selbstzeugnissen und Bilddokumenten. Reinbek: Rowohlt.

Internationale Vereinigung der Waldorfkindergärten (Hrsg.): Reihe: Arbeitsmaterialien aus den Waldorfkindergärten. Stuttgart: Freies Geistesleben.

Kardel, Telse; Mc Keen, Claudia; Patzlaff, Rainer & Saßmannshausen, Wolfgang (2006): Kindheit – Bildung – Gesundheit. Leitlinien der Waldorfpädagogik für die Kindheit von 3 bis 9 Jahren. Umriss eines Gesamtbildungskonzepts. Teil II. Hrsg. von der Pädagogischen Forschungsstelle beim Bund der Freien Waldorfschulen e. V., Stuttgart.

Köhler, Henning (1990): Jugend im Zwiespalt. Stuttgart: Freies Geistesleben.

Kranich, Ernst-Michael (1971): Die Freien Waldorfschulen. In: Arbeitsgemeinschaft Freier Schulen (Hrsg.): Freie Schule. Gesellschaftliche Funktion des Freien Schulwesens in der BRD. Begründung und Darstellung. Stuttgart: Klett, S. 61–85.

Mander, Jerry (1981): Schafft das Fernsehen ab! Eine Streitschrift gegen das Leben aus zweiter Hand. Reinbek: Rowohlt.

Patzlaff, Rainer (1985): Bildschirmtechnik und Bewusstseinsmanipulation. Stuttgart: Freies Geistesleben.

Patzlaff, Rainer & Saßmannshausen, Wolfgang (2005): Leitlinien der Waldorfpädagogik für die Altersstufe von 3 bis 9 Jahren. Hrsg. von der Pädagogischen Forschungsstelle beim Bund der Freien Waldorfschulen, Stuttgart.

Portmann, Adolf (1969): Biologische Fragmente zu einer Lehre vom Menschen, 3., erw. Auflage. Basel/Stuttgart: Schwabe & Co.

Postman, Neil (1985): Wir amüsieren uns zu Tode. Urteilsbildung im Zeitalter der Unterhaltungsindustrie. Frankfurt/M.: Fischer.

Saßmannshausen, Wolfgang (2000): Welche Qualität wollen wir heute sichern? Offene und verborgene Motive der Qualitätsfrage in der Kindergartenarbeit. In: Erziehungskunst. Zeitschrift zur Pädagogik Rudolf Steiners, 64. Jahrgang, 5/2000. Stuttgart, S. 515–519.

Saßmannshausen, Wolfgang (2002): Waldorfpädagogik. Selbstbestimmtes Lernen im Gleichmaß von Rhythmus und Nachahmung. In: kindergarten heute spezial: Pädagogische Handlungskonzepte von Montessori bis zum Situationsansatz. Freiburg: Herder, S. 20–25.

Schiller, Friedrich (1989): Über die ästhetische Erziehung des Menschen in einer Reihe von Briefen, 2. Auflage. Stuttgart: Freies Geistesleben.

Steiner, Rudolf (1960): Von Seelenrätseln. Rudolf-Steiner-Nachlassverwaltung, Dornach/Schweiz.

Steiner, Rudolf (1961a): Die Methodik des Lehrens und die Lebensbedingungen des Erziehens. In: R. Steiner: Die Erziehung des Kindes vom Gesichtspunkte der Geisteswissenschaft/Die Methodik des Lehrens und die Lebensbedingungen des Erziehens. Stuttgart: Freies Geistesleben, S. 43–124.

Steiner, Rudolf (1961b): Wie erlangt man Erkenntnisse der höheren Welten? Rudolf-Steiner-Nachlassverwaltung, Dornach/Schweiz.

Steiner, Rudolf (1962): Theosophie. Einführung in übersinnliche Welterkenntnis und Menschenbestimmung. Stuttgart: Freies Geistesleben.

Steiner, Rudolf (1967): Die Philosophie der Freiheit. Grundzüge einer modernen Weltanschauung. Seelische Beobachtungsresultate nach naturwissenschaftlicher Methode. Stuttgart: Freies Geistesleben.

Steiner, Rudolf (1969): Erziehungskunst. Seminarbesprechungen und Lehrplanvorträge. Rudolf-Steiner-Nachlassverwaltung, Dornach/Schweiz.

Steiner, Rudolf (1972a): Die Geheimwissenschaft im Umriss. Rudolf-Steiner-Nachlassverwaltung, Dornach/Schweiz.

Steiner, Rudolf (1972b): Zur Dreigliederung des sozialen Organismus. Gesammelte Aufsätze 1919–1921. Stuttgart: Freies Geistesleben.

Steiner, Rudolf (1972c): Anthroposophische Pädagogik und ihre Voraussetzungen. Rudolf-Steiner-Nachlassverwaltung, Dornach/Schweiz.

Steiner, Rudolf (1972d): Die geistig-seelischen Grundkräfte der Erziehungskunst. Rudolf-Steiner-Nachlassverwaltung, Dornach/Schweiz.

Steiner, Rudolf (1973): Gegenwärtiges Geistesleben und Erziehung. Rudolf-Steiner-Nachlassverwaltung, Dornach/Schweiz.

Steiner, Rudolf (1975a): Allgemeine Menschenkunde als Grundlage der Pädagogik. Rudolf-Steiner-Nachlassverwaltung, Dornach/Schweiz.

Steiner, Rudolf (1975b): Erziehungskunst. Methodisch-Didaktisches. Rudolf-Steiner-Nachlassverwaltung, Dornach/Schweiz.

Steiner, Rudolf (1975c): Goethes Naturwissenschaftliche Schriften. Sowie skizzenhaft dargestellter Ausblick auf eine Anthroposophie. Stuttgart: Freies Geistesleben.

Steiner, Rudolf (1975d): Mein Lebensgang. Stuttgart: Freies Geistesleben.

Steiner, Rudolf (1985): Heilpädagogischer Kurs. Zwölf Vorträge, gehalten in Dornach vom 25. Juni bis 7. Juli 1924 vor Ärzten und Heilpädagogen. Dornach/Schweiz: Rudolf Steiner Verlag.

Steiner, Rudolf (1988): Grundlinien einer Erkenntnistheorie der Goetheschen Weltanschauung. Mit besonderer Rücksicht auf Schiller. Rudolf-Steiner-Nachlassverwaltung, Dornach/Schweiz.

Steiner, Rudolf (1992): Die Erziehung des Kindes vom Gesichtspunkte der Geisteswissenschaft. Rudolf-Steiner-Nachlassverwaltung, Dornach/Schweiz.

Strauss, Michaela (2007): Von der Zeichensprache des kleinen Kindes. Spuren der Menschwerdung. Stuttgart: Freies Geistesleben.

Wagenschein, Martin (1972): Zur Klärung des Unterrichtsprinzips des exemplarischen Lehrens. In: B. Gerner (Hrsg.): Das exemplarische Prinzip. Beiträge zur Didaktik der Gegenwart. Darmstadt: Wissenschaftliche Buchgesellschaft, S. 2–18.

Worel, Andreas (2002): Qualitätsfragen in gemeinnützigen Einrichtungen. Unpopuläre Betrachtungen zu einem „modernen" Begriff. Stuttgart: Freies Geistesleben.

Kontakt und Informationen (auch zu Aus- und Fortbildung)

Vereinigung der Waldorfkindergärten e. V.
Le Quartier – Hornbach 15
67433 Neustadt an der Weinstraße
E-Mail: info@waldorfkindergarten.de
Internet: www.waldorfkindergarten.org